雲南
旅行家
昆明‧大理‧麗江

作者◎甯育華

圖片提供／程強

目錄CONTENTS

92

昆明

142

大理

編輯室提醒

出發前，請記得利用書上提供的Data再一次確認

每一個城市都是有生命的，會隨著時間不斷成長，「改變」於是成為不可避免的常態，雖然本書的作者與編輯已經盡力，讓書中呈現最新最完整的資訊，但是，我們仍要提醒本書的讀者，必要的時候，請多利用書中的電話，再次確認相關訊息。

資訊不代表對服務品質的背書

本書作者所提供的飯店、餐廳、商店等等資訊，是作者個人經歷或採訪獲得的資訊，本書作者盡力介紹有特色與價值的旅遊資訊，但是過去有讀者因為店家或機構服務 態度不佳，而產生對作者的誤解。敝社申明，「服務」是一種「人為」，作者無法為所有服務生或任何機構的職員背書他們的品行，甚或是費用與服務內容也會隨時間調動，所以，因時因地因人，可能會與作者的體會不同，這也是旅行的特質。

新版與舊版

太雅旅遊書中銷售穩定的書籍，會不斷再版，並利用再版時做修訂工作。通常修訂時，還會新增餐廳、店家，重新製作專題，所以舊版的經典之作，可能會縮小版面，或是僅以情報簡短附錄。不論我們作何改變，一定考量讀者的利益。

票價震盪現象

越受歡迎的觀光城市，參觀門票和交通票券的價格，越容易調漲，但是調幅不大(例如倫敦)，若出現跟書中的價格有微小差距，請以平常心接受。

謝謝眾多讀者的來信

過去太雅旅遊書，透過非常多讀者的來信，得知更多的資訊，甚至幫忙修訂，非常感謝他們幫忙的熱心與愛 好旅遊的熱情。歡迎讀者將你所知道的變動後訊息，善用我們提供的「線上讀者情報上傳表單」或是直接寫信來taiya@morningstar.com.tw，讓華文旅遊者在世界成為彼此的幫助。

太雅旅行作家俱樂部

190

麗江

旅行途中，可能錯過航班、遺失行李、錢包被偷、烏龍導航、為人氣網紅店大失所望、甚者疲憊歸來面對信用卡帳單欲哭無淚……

旅行，絕對是一場冒險。

掏錢買一本旅遊書，何嘗不是一種冒險？

第一次寫作戰戰兢兢，正因為旅遊書不同於其他題材：讀者的旅程可能因本書有更好的體驗，或不幸地，恰恰相反。

特別身處於旅遊資訊唾手可得的E時代，為何耗時費力撰寫一本旅遊書？這一年，我反覆自問，得到的答案是：一個來自臺灣的文字工作者，在雲南生活超過10年，從第一手的經驗和視角來書寫，自然和其他作品有所不同。

雲南之大，遺珠之憾難免；且資訊篩選自有作者主觀：例如本書中未介紹昆明大觀樓，本地友人或不以為然，但臺灣遊客千里迢迢遊雲南，有限時間內務必選擇「must go」；又書中過橋米線一節未提及橋香園，也因其評價爭議而略過。

能夠完成本書，特別感謝這些年在雲南相識的朋友和累積的點滴回憶，還有以下友人對本書的協助：程強、阮潔、和照、王雁、陳靜、白羽、楊燕、嚴平、張園、柳奇、蔣春蓮、肖和坤、吳小鋒、姚春曉、翁仲君、林治宏、鄭發雲、李寶忠；無償提供照片使用的鄭林鐘大哥、黃守正、趙林琳、張耀、曹婭、和正剛、吳重民、林健良、曹丹東、姚嘉和蘇國勝；以及文編湘仔、美編仙玲的無窮耐心。

僅以此書獻給我的父母——他們一直以愛包容，讓我知道自己可以走得多遠。

甯育華

祖籍四川，生於臺灣，留學美國，長住雲南。畢業於政治大學新聞系，美國愛默生傳播學院碩士，曾任報社記者主跑政治新聞，曾任雜誌編輯採訪明星歌手，後任旅遊雜誌總編輯名正言順把旅遊當工作。

和雲南意外結緣於2005年：同年三度遊麗江，第一次遊玩古城雪山，第二回買了雪山山景房，第三回交屋裝修。2006年2月，一家四口移居麗江。2007年出版《我在麗江有個門牌號碼》，2008～2012年在麗江古城經營民宿「我院」(現已轉讓)。2013年夏天移居昆明至今，現為自由撰稿的全職母親。

我認為育華是行者，是作者，也是編者。
天涯處處都是她的覓處，有落腳，有臨行……
她是令人稱羨的行腳俠女。

有一天，育華給我一本她寫的書，
書名是《我在麗江有個門牌號碼》。
她定居了，定居雲南是事實，是多年前的事了。
行行沒餘齒，當一切都像昨日，都已經遠去，
只留下雲南，此外不堪行。

定居的定、靜、安、慮、得，
用十餘載春夏秋冬，換來了燦爛的雲南，完成了《雲南旅行家》，
送給想要在雲南成為旅行家的朋友。

黃永松
《漢聲雜誌》總策劃

鄭林鐘
華山1914文創園區顧問

　　雲南很好玩，跟著甯育華去雲南，是真正好玩！
　　2006年，育華舉家搬到麗江。事隔10年，2016年，我終於踏上雲南的大地，育華當然是我的最佳地陪。
　　育華能夠勝任最佳地陪，因為她有幾招必殺神技。
　　第一招，她是記者出身。這種人天生(或被訓練成)喜歡接觸人群、喜歡東張西望、觀察細膩、問話精準、表達能力很強、語文使用流暢。因為喜歡接觸人群，而且問話精準，所以很多一般旅遊書上沒寫到、網路上撈不到，只有碰觸在地人才知道的東西，她都吸收得輕而易舉。
　　第二招，她喜歡旅遊，曾擔任《TO'GO》旅遊情報總編輯，「旅遊」對她來說已成一種專業。落腳麗江之後，她還開了一家民宿，旅遊不只是興趣，也成了日常生活的一部分。
　　第三招，她熱愛生活，哪裡好玩哪裡去、哪裡好吃哪裡奔。這項特質，使得她的旅遊專業人脈不但寬廣，而且札實得不得了，大小事都有當地達人幫她張羅。我在麗江，就被她帶著見識了不少奇人異士。
　　第四招，她長期在地。育華是舉家「移民」到雲南落戶的(她的前一本書就叫《我在麗江有個門牌號碼》)，她對雲南的瞭解，是深根固持的、是點點滴滴積累的；就因為這一點，讓她筆下的雲南，多了不止一分的深刻，而且深刻得很自然。
　　幸運的我，有育華親自地陪。
　　幸運的你，有這本書代替她當你的「最佳雲南地陪」。

如何使用本書

本書分為五個篇章循序漸進介紹雲南。〈魅力雲南〉以各種專題介紹雲南的大小事，歷史地理、風土民情、節慶四季、十大特色等；〈出發去雲南〉接著詳細說明各種實用資訊、旅行計畫；後三個篇章〈昆明〉〈大理〉〈麗江〉則介紹各城市的食、住、行、樂等旅遊情報。

中國幅員廣大，政策多變，出遊前請記得多利用書中提供的電話、網址，再次確認相關旅遊訊息哦！

◀精彩專題

關於雲南的文化印象、風土民情，引領讀者逐步認識這個介於神聖與世俗間的祕境。

在地觀察：介紹雲南的政策、民情等，讀者可藉此獲取新知

▶十大體驗

完整收錄前往雲南旅遊的十大必吃、十大必試、十大必買，品菌子、舂粑粑、玩火、吃花、買道地特產，不再錯過任何驚喜體驗！

▲旅遊黃頁簿

雲南實用的旅遊資訊通通有，出發前記得做好功課哦！

▶交通資訊

介紹機場聯外與城市串聯交通，三大城市篇章中還有城市交通詳細資訊。

▲昆大麗旅行計畫

精心規畫各種版本的昆明、大理、麗江多天旅遊行程，降落機場與景點路線全都不一樣，適合不同需求的你。

本書地圖ICON說明

📷 景點	🍴 餐廳	🛍 購物
🏠 住宿	✚ 醫院	★ 交通
▲ 重要地標		

◀ 必遊景點

介紹經典的必遊景點、在地人推薦的私房景點等，配合詳細地圖參考路線，各景點皆附有DATA資訊。

行家小提醒：作者以久居當地的觀點給讀者貼心小提醒，旅途中記得多留意。

地圖：市區地圖與景點周邊地圖皆有列出主要景點、餐廳、住宿等。

▶ 深度特寫

書店巡禮、經典演出、賞花之旅、高爾夫球之旅，以特色專題介紹另類行程，帶給你更多旅遊樂趣。

◀ 推薦餐廳與住宿

久居雲南的作者把關推薦的餐廳與住宿，介紹各店家的特色和優缺點，皆附上詳細聯絡資訊供讀者查詢，讓初到陌生之地的你絕不踩雷！

▶ 實用資訊小專欄

透過文化放大鏡、旅行小抄BOX，除了可以在出發前了解相關須知，也能獲得雲南的獨特知識，更貼近當地生活，讓旅行更有趣。

本書資訊ICON說明			
✉ 地址	$ 價錢	http 網址	
☎ 電話	➡ 如何前往	ℹ 注意事項	
⏰ 時間	⌛ 停留時間	MAP 地圖	

魅力
雲南

「西藏和雲南都是離天很近的地方。西藏的雲是聖潔的雲，雲南的雲是彩雲，雲南以下就是天高雲淡了。如果從西藏這個高處向下走，那麼雲南位於神聖生活和世俗生活之間……」

—雲南作家　于堅

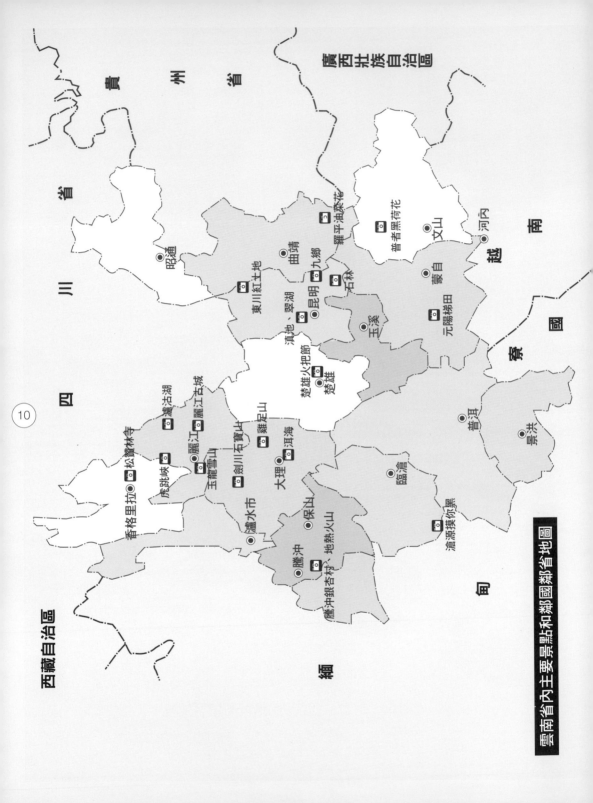

雲南省內主要景點和鄰國鄰省地圖

雲南與臺灣相對位置圖

烏魯木齊

哈爾濱

長春

瀋陽

呼和浩特

北京　天津

渤海

銀川

石家莊

西寧　蘭州

濟南

黃海

西安

鄭州

拉薩

成都

重慶

合肥　南京

上海

東海

長沙

南昌

杭州

貴陽

昆明

福州

台北

南寧

廣州

高雄

澳門　香港

海口

認識雲南

高黎貢山、金沙江、虎跳峽、香格里拉、茶馬古道、西南聯大、飛虎隊……對許多臺灣人來說，雲南像一個個金屬鉛字跳躍的組合，還不及金庸武俠小說的大理國、段王爺和一陽指來得心馳神往。

對雲南陌生的可不只臺灣人，不少大陸人對雲南也所知有限。其實，不過3小時的飛行，就可抵達距離臺灣2,000多公里的彩雲之南。

雲南，簡稱「滇」，省會昆明，位於中國西南，北回歸線橫貫南部。東部與貴州省、廣西壯族自治區為鄰，北部和西北部與四川省、西藏自治區相連，西部同緬甸接壤，南部和老撾(臺灣稱寮國)、越南相鄰。雲南省面積39萬平方公里(11個臺灣大小)，人口約4,700萬(相當臺灣人口的2倍)，下轄8個市、8個少數民族自治州。

走出歷史的邊陲
元謀人出土，雲南文化起源甚早

這片物產豐饒之地因地處邊陲，長久以來都

被視為不毛之地，但從雲南發掘出來的「元謀人」距今有170萬年的歷史(我們熟知的山頂洞人不過1.8萬年)，是中國、乃至於亞洲發現最早的原始人類，足證明雲南的文化起源遠遠超出想像。

從部落割據到納入中原版圖

真正有關於雲南的文字記載來自《史記》的「莊蹻開滇」，戰國時期(西元前286年)楚國大將莊蹻率領大軍來雲南，西元前109年滇王降漢，漢武帝賜「滇王之印」，並設益州郡。從西漢到唐初8世紀之間，雲南一直處於多部落割據，直到南詔國和其後的大理國成為西南最大的政治勢力，雲南的地位才開始改變。段思平所建的大理國是歷史上延續時間最長的地

❶2.4公分見方的滇王金印看似不起眼，卻印證了古滇國的存在❷雲南遠古人類以青銅器生動記載當時的戰爭場景

文化 放 大鏡

發生在雲南的歷史故事

歷史上，三國的諸葛亮到此七擒孟獲；明朝最後一個皇帝永曆帝逃難至此；清初吳三桂偏安雲南，在此當起了「平西王」，據傳陳圓圓死於昆明蓮花池；民國初年，蔡鍔在昆明發起討伐袁世凱復辟的護國運動；第二次世界大戰，雲南以其地理優勢成為「大後方」，譜寫了西南聯大、抗日遠征軍和飛虎隊的種種傳奇。

方政權之一，忽必烈乘羊皮筏子渡金沙江、翻越終年積雪的蒼山才把大理國316年的統治畫上句點。元朝在此設行省，自此納雲南入中原版圖。

彩色大地

北部山多，各地氣溫溫差極大

這裡海拔5,000公尺的山峰有118座，多位於北部，海拔高度由北向南遞減，所以即便是冬天，雲南第一高峰6,740公尺的卡瓦格博峰終年積雪不化，直線距離900公里外、海拔76.4公尺的紅河州河口卻酷熱難當。

多樣氣候，彷彿是中國的縮影

從海南島到東北吉林省的熱帶、溫帶、寒帶氣候，雲南一省兼而有之，難怪「一山有四季，十里不同天」、「四季衣服同穿戴」的俗諺就是生活寫照。

雲南的玉龍雪山是北半球最靠近赤道的雪山(照片提供／程強)

位於文山州的普者黑是典型的喀斯特岩溶地貌

雲南第二大湖洱海也是日月潭的姐妹湖

虎跳峽是世界最險峻的峽谷之一(照片提供／曹丹東)

三江並流，百條江河橫穿雲南

這裡橫穿大山壩子間有180條河流，包括長江上游的金沙江，還有珠江水系也發源於雲南。另外有伊洛瓦底江、怒江、瀾滄江、紅河四大水系最終流向國外入海。最著名的莫過於金沙江、怒江、瀾滄江「三江並流」的世界奇景。

高原湖泊，絕無僅有極致美景

面積比臺北市還要大的滇池是雲南第一大湖；居次的洱海是臺灣日月潭的姊妹湖，面積為日月潭的32倍；還有以「走婚」聞名的瀘沽湖、及大陸最大的深水型(平均深度95公尺)淡水湖撫仙湖，都是錯落在高原上的點點明珠，交織出如畫的山水景致。

動植物王國

環境豐富，涵蓋所有地理景觀

數千萬年前歐亞板塊和印度板塊激烈碰撞，中國東南地區發生南北向的大斷裂，整個雲南倏地被抬起成為一座高原，造就今日雲南的獨

孔雀舞、孔雀之鄉都在雲南，孔雀似乎成為代表圖騰之一
(照片提供／張耀)

玉石翡翠已成為雲南資源的代名詞(照片提供／趙林琳)

雲南茶花不只在武俠小說占一席之地，庶民生活也少不了它(照片提供／張耀)

銀器銀飾在雲南廣泛運用，也是遊客青睞的旅遊紀念品

一無二。除了海洋和沙漠，這裡集合了地球上所有的地理景觀：高山峽谷、雪山冰川、高原濕地、森林草甸、火山溫泉、熱帶雨林。

　　加之獨特的氣候條件，雲南保有中國最好的生態環境。這裡是「植物王國」，中國3萬種植物中雲南占6成以上，森林覆蓋率達55.7%，居全國第二；這裡是「動物王國」和歐亞大陸生物群落最聚集的「生物基因庫」，瀕危的亞洲象和滇金絲猴都是雲南獨有。全國162種自然礦產中雲南有148種，其中鋁、鋅、錫礦產量居全國第一，號稱「有色金屬王國」。

最美花園，農產品量全國居冠

　　雲南是中國最美的花園，昆明的斗南花市是亞洲最大的鮮花交易市場。此地也是中國最大

法國傳教士引進的咖啡已是雲南特色農產品(照片提供／林健良：咖啡沙龍)

雲南盛產各種溫帶熱帶水果，菠蘿蜜也是其一

的茶園，風靡華人世界的普洱茶發源於此，位於雲南臨滄3,200年高齡的古茶樹依然生機勃勃。這裡還是中國的果園，每年水果出口占全國之冠；咖啡種植歷史超過百年，產量占全國95%以上；雲煙更是全國馳名。

多樣民族文化

少數民族多，宗教語言文化豐富

中國56個民族，雲南有52個；其中人口超過5,000人的有26個民族，雲南獨有的少數民族有15個。就民族特色而言，雲南的世居民族最多、特有民族最多、人口較少民族最多、民族自治地方最多、跨境民族最多，都是中國No.1。

雲南少數民族1,500萬人，換言之，每三個人就有一人是「會說話就會唱歌，會走路就會跳舞」的少數民族，他們各有各的語言、宗教信仰、生活方式。一個家庭由多個民族，甚至多種信仰組成，在雲南都不是特例。少數民族的服飾、節慶、音樂、舞蹈、建築、美食……打造雲南永遠無法被其他地方複製、替代的獨有魅力。

千年來，摩梭族仍保有「男不婚、女不嫁」的走婚習俗

服飾上有披星戴月裝飾的納西族婦女，現實生活中也很幹練

世界唯一存活的象形文字：東巴文

旅遊勝地，5項世界文化遺產

中國沒有任何一個地方像雲南一樣，除了麗江古城、三江並流、石林、紅河哈尼梯田和澄江化石地5處世界文化遺產，還有全球矚目的香格里拉、世界最大的自然花園羅平、最後的母系社會「女兒國」瀘沽湖、佛教聖地雞足山、怒江溜索、火把節、長街宴……難怪每年吸引4億海內外觀光客造訪。

每個來雲南的遊客總會為此地的雲卷雲舒而讚嘆，本地作家于堅在《昆明記》裡形容得傳神：「西藏和雲南都是離天很近的地方。西藏的雲是聖潔的雲，雲南的雲是彩雲，雲南以下就是天高雲淡了。如果從西藏這個高處向下走，那麼雲南位於神聖生活和世俗生活之間……」

現在，歡迎你進入這個介於神聖與世俗之間的國度。

「雲南」的出現來自於兩千年前的一場夢，和夢裡的一朵雲彩。

據說西元前190年，漢武帝夢中有彩雲南現，遂令官員尋訪異象。此後，這份尋訪彩雲的長長名單中有——義大利的馬可波羅，1284年他的足跡來到昆明；中國著名的自助旅行家徐霞客51歲造訪雲南，在此待了1年9個月；1986年英國女王伊莉莎白二世在昆明大觀公園親手種下3株英國玫瑰……除此之外，吳三桂和陳圓圓、唐繼堯和小鳳仙、梁思成和林徽因各自因緣際會，或長或短停留此地。

雲南印象

行前先上網觀賞《雲南一天》

不論是英國作家詹姆士‧希爾頓1933年出版的《消失的地平線》、俄國學者顧彼得《被遺忘的王國》、洛克的《中國西南的古納西王國》，還是《徐霞客遊記》中《滇遊日記》……從文字上認識雲南，可能稍嫌枯燥艱澀。

如果沒時間讀這些書，那麼推薦你花幾分鐘上網看看《雲南一天》，在這不到5分鐘的短片中以一天24小時為時間軸，呈現雲南大地和人文的多彩，畫面和音樂都極具感染力。

這是麗江紀錄片導演和照以7年的時間走遍雲南129個縣市，運用超過6萬分鐘的高清影像素材剪輯成的作品。和照說，絕大多數素材並非刻意為《雲南一天》拍攝，而是累積數年的畫面無心插柳。《雲南一天》在2014年創意雲南廣告大賽中得到金獎，也成為極具代表性的雲南影像作品。

印象 1 雲南十八怪

食物怪
雞蛋用草串著賣、過橋米線人人愛、米飯粑粑叫餌塊、三隻蚊子一盤菜、螞蚱當作下酒菜、牛奶當成扇子賣……

交通怪
火車沒有汽車快、火車不通國內通國外、溜索比船還要快

自然景觀怪
東邊下雨西邊曬、四季鮮花開不敗、石頭生在雲天外

少數民族風情怪
竹筒當作水煙袋、娃娃出門男人帶、和尚可以談戀愛

日常衣著怪
四季衣服同穿戴、裙子穿在褲子外……

認識雲南，不可不知「雲南十八怪」，是民間以順口溜的形式描述這裡獨特的風土人情。雖然歷經時間堆疊，「雲南十八怪」早就翻了

❶洱海正是孕育了大理風花雪月的所在 ❷雲南的雲就像魔術，變幻無常(照片提供／和正剛) ❸男人拿著大小不一、顏色材質互異的水煙筒吞雲吐霧，見怪不怪(照片提供／程強)

好幾番，成了「雲南N多怪」，這般無處不在的怪，正是雲南魅力所在。

於我而言，雲南不似中土，更像異國。大街上穿著民族服裝的老奶奶；拿著巨大的水煙筒呼嚕呼嚕吞雲吐霧的老頭；菜攤上永遠無法識別名字的蔬果……他們用陌生的語言、生活習慣和截然不同的價值觀衝擊每一雙外來的眼睛。10年之後，雖早已見怪不怪，但總還是會因那未經雕琢的異國風情眼睛一亮。

只有在雲南，你可以離家100公里便覺得身處異鄉。從昆明出發，1小時車程到達猶如外星球的石林，4小時到洱海邊大啖酸辣魚，6個小時置身元陽梯田看夕陽；甚至搭飛機1個小時，麗江的玉龍雪山、騰沖的溫泉火山、西雙版納的熱帶雨林……近在咫尺。

昔日滿布瘴癘的蠻夷之地，在本地詩人于堅的眼中：「種子一沾著大地，甚至只沾到瓦縫裡的一點泥巴，馬上就喜滋滋地生長起來。這是一塊只要不小心，家具都會發芽長葉的土地。」雲南的獨特魅力躍然紙上。

雲南人家鄉寶

個性不似他省鮮明

中國56個民族,有52個民族居住在此,除了漢族,人口超過5,000人的少數民族有25個。縱然少數民族色彩如此鮮明,有趣的是,在中國,雲南人的面孔相對模糊,不像北京人、上海人、東北人、四川人……來得容易對號入座。

個人理解可能跟此地的移民文化有關:從漢武帝將中原勢力擴張到西南起,來自中原的移民、商人陸續進入雲南;明朝初期調集30萬大軍平西南,這些軍人在此駐守屯田,使雲南的漢族人口首度超越少數民族。還有那些歷史上被流放發配雲南的官員眷屬,那些因抗日戰爭遷徙至雲南的逃難民眾,那些在半世紀前因「知識青年下鄉運動」來此開墾造地的年輕男女……經過一次又一次的遷徙融合,雲南人不再那般稜角分明。

什麼叫做「家鄉寶」

因地形限制,與世隔絕的雲南人總覺得天高皇帝遠;加上物產多元,自給自足,雲南人是有名的「家鄉寶」,意即哪兒都比不上自己的家鄉好,能待在家過上溫飽日子足矣。與鄰近的四川、貴州、廣西相較,雲南人非必要不會到外省打工。

文化 放 大 鏡

雲南名人小百科

鄭和

鄭和大概是我們最熟悉的雲南人,不過他不但不是家鄉寶,反而躋身中國歷史上最出色的冒險家之列。出生於滇池邊的小漁村,鄭和曾帶領200多艘船艦、2萬7千人七度下西洋,成就中國規模最大的海上航行。

庾澄慶

臺灣歌手庾澄慶來自雲南望族,祖父庾恩錫曾任昆明市長,昆明大觀公園旁的「庾家花園」迄今仍是重點保護文物。

❶每個少數民族各有其民俗節日,構成多元魅力(照片提供/張耀)❷青瓦白牆照壁盡顯白族民居之美(照片提供/程強)❸外面世界那麼大,雲南人仍樂做家鄉寶

1 2 3

印象 3 山間鈴響馬幫來

發展始於茶馬古道

　　「茶馬古道」是另一個認識雲南不可不知的關鍵字——在這條從北回歸線一直走向世界屋脊的崎嶇山路上，馬幫往來行走了1,300年之久。

　　開通於唐代的茶馬古道從雲南的易武出發，經大理、麗江、中甸(即現在的香格里拉)、德欽，最後到達西藏拉薩；另一條從中甸轉到四川理塘、巴塘最後到達西藏。這條只能依賴馬匹馱運茶葉、鹽巴、皮革的道路，是唐朝以來雲南、四川、西藏的經濟命脈，舉世聞名的普洱茶就是在至少3個月的運輸過程中發酵而成的美麗意外。明清乃至民國，雲南的物資運輸主要還是依賴馬幫；甚至對日抗戰期間，許多軍用物資都是從古驛道轉運到前方。

改變命運的滇越鐵路

　　另一個改變雲南命運的是滇越鐵路。1910年法國人主導建成滇越鐵路，從昆明一路到越南海防，全長859公里。滇越鐵路不僅讓法國人把雲南特有的礦產運到中南半島，也把第一台西門子發電機帶進雲南，使昆明擁有中國第一個水電站；鐵路帶來了西方的武器，滇軍才有底氣聲討袁世凱，打贏「護國戰爭」。

躍身為旅遊大省

　　無論是從地理或歷史的角度，雲南一直處於邊緣地帶，但從絲綢之路、茶馬古道到滇越鐵路逐漸打開其對外，特別是通向南亞、東南亞的門戶，如今戰略地位無可取代。

　　此外，今日雲南已是大陸的旅遊大省，旅遊行業年收入高達4,726億人民幣，占全年GDP(國內生產總值)的7%！一年4億人次的海內外遊客為雲南旅遊鍍上金字招牌，然而超人氣的光環之下，遊客投訴抱怨也居全國之冠，實是未來旅遊發展的隱憂。

❶結合本地特色的許願鈴承載著遊客的心願❷滇馬個頭雖小，耐力十足(照片提供／張耀)❸經過馬幫行走千年，原本凹凸不平的五花石橋面已然光滑(照片提供／鄭林鐘)❹行駛於滇越鐵路上的「頭等艙」米其林車廂

閑享生活尋常滋味

自然風光，日常享受

一個以鮮花、茶葉為特產，一個以「烤太陽」為日常享受，「閑」是雲南人生活的關鍵字，是一種心理狀態，也是真實生活的寫照。他們講究過日子，無論貧富，即便小日子，也過得講究而不將就。

尋常日子少不了陽光、空氣、水；旅居雲南10年，吸引我的依舊是晴好陽光、藍天白雲、新鮮空氣和四時變化的風景。這裡的陽光純粹而不設防，當光線從樹冠撒下，樹葉光影就像準備好擺拍的靜物，令人目不轉睛。雲南是一個容易喪失時間感的地方，感謝中央一聲令下把全中國劃分為同一時區，這裡的夏天一直到晚上8點多天空還微微泛著光，好像從老天爺那兒偷來更多美妙的落日光景。

物美價廉，生活愜意

這裡可以盡情放縱對生活的想像：一間大房子、狗狗可以來回奔跑的花園，一面向著雪山或洱海的大落地窗，一個柴火劈啪作響的溫暖壁爐……這些夢想並非遙不可及，因為雲南相對低的房價和物價，總讓來自大城市的外地人每每驚嘆。當然，10年前5毛錢1袋牛奶，1塊錢2把青菜的好景不再，然而和北京、上海、廣州或臺北驚人的房價、物價相較，雲南的生活相對簡單輕鬆。

所以儘管不是每個街角都有咖啡店，不是50公尺就有一家7-11，但藍天白雲、新鮮空氣、四季花開、海邊散步、溫泉泡湯，甚至近距離靠近冰川、火山，都可以是日常生活一部分……無心偶得，對我來說，雲南正是這樣一個的地方。

❶雲南的慢生活吸引人到此遊玩或索性移居到此❷近年，棲居雲南儼然成為時尚，各種民居的改造也成話題

〔雲南十八怪之雞蛋用草串著賣〕

四季驚喜

1月　元陽梯田

黎明前闃黑一片，數百人「長槍短炮」安靜等候，這般大陣仗不是為了哪一位國家元首或國際巨星，而是等待第一抹陽光映照萬畝梯田的壯麗畫面……

在雲南，大概也只有元陽梯田有這種魅力，讓來自全國各地的攝影發燒友貪黑起早，追逐著梯田與光影色彩的最佳瞬間。

紅河哈尼梯田位於雲南南部，遍布紅河州元陽、紅河、金平、綠春四縣，總面積100萬畝。其中元陽縣17萬畝梯田是紅河哈尼梯田的核心。每年11月～來年3月，秋收到春耕之間，梯田注滿水休養生息，此時梯田在陽光照射下的鏡面效果，吸引海內外觀光客和攝影愛好者紛至遝來，尤其多集中在老虎嘴、多依樹、箐口和壩達4個景區。

唯有站在梯田旁，才能感受什麼叫做「視覺震撼」。1,300多年來，哈尼族隨山勢地形變化開墾梯田，坡緩地大則開墾大田，坡陡地小則開墾小田，見縫插針，溝坎、石隙都不放過，可大到數畝，或小如簸箕。且梯田坡度在15～70度之間，一座山的梯田可多達3,000階。2013年紅河哈尼梯田被聯合國列入世界文化遺產，也被《孤獨星球》旅遊書推薦為雲南旅遊Top1。

2月　羅平油菜花

想像一下，數十萬畝花海是什麼概念？看過羅平油菜花，其他的花海都不值一顧：因為每年2月下旬～4月上旬羅平的油菜花海不僅漫山遍野遼闊無垠，且錯落著喀斯特地形、梯田、河流、村落，一座座丘陵就像浮沉於花海中的島嶼，好萊塢大片也打造不出這樣場景。

羅平位於雲南、貴州、廣西三省交界處，是中國主要的油菜生產基地，原為「雞鳴三省」的小縣城，每年農曆春節過後，油菜花在壩子依次綻放，吸引大量遊客慕名而來。布依族世居羅平，欣賞其美麗的服飾、刺繡、蠟染、竹編、品嘗其特有的五彩米飯，也是賞花之餘的福利。

3月　大理三月街

不分民族、不分地域，雲南人最大的共同嗜好就是「趕集」，小至路邊攤，大到年度盛會南亞貿易博覽會，無役不與。

歷史悠久，規模盛大的「三月街」是大理年度最大的集市，也是白族傳統節日，已有1,300年歷史。農曆3月15日大理三月街，又名觀音市。到觀音寺燒香拜佛是從南詔時期延續而來的習俗，有民族歌舞、洞經音樂演奏和賽馬表演，香客遊人湧動，商販掌握商機紛紛前來擺攤而成廟市，逐漸演變為雲南西部最為古老、繁榮的貿易集市，享有「千年趕一街，一街趕千年」的美名。

4月　西雙版納潑水節

生活在雲南最大的好處是天天過節，經常過年！漢族的春節過後不久就是傣族的新年「潑水節」。這是西雙版納和德宏地區傣族、布朗族、德昂族、阿昌族最重視的節日，鄰近的柬埔寨、泰國、緬甸、老撾(寮國)等國也同步過年。

潑水節又名「浴佛節」，一般在傣曆4月中旬(每年4月中旬)舉行，是西雙版納最隆重的傳統節日。傣族男女老少除了沐浴洗頭、理髮更衣，還要清洗佛像佛塔，祈求佛祖保佑；浴佛完畢，人們相互潑水表示祝福，希望用水帶走疾病和災難。除了潑水，還有趕擺(集祭祀、集會、商貿為一體的大型廟會活動)、賽龍舟、放水燈和孔明燈。節日活動持續3～7天，這也是西雙版納年度旅遊旺季，行程、機票、住宿都要儘早安排。

元陽梯田不僅是中國面積最大的梯田，遊覽風光之餘還可以體驗當地哈尼族特有的民俗和特色美食

23

❶節日當天男女老幼都穿上民族服飾(照片提供／吳重民)❷翁丁佤寨被稱為「中國最後一個部落」(照片提供／吳重民)❸族人拉來大木頭，為的是做木鼓(照片提供／吳重民)❹當一場抹黑大戰開始，無人能倖免(照片提供／吳重民)

5月　臨滄佤族摸你黑狂歡節

　　各種年度節慶活動中，童心、玩心最重的莫過於「摸你黑」。每年5月1～4日，臨滄滄源佤族會盛大舉辦「摸你黑」狂歡節。佤族傳統以鍋底灰、牛血、泥土塗抹在額頭上用於驅邪祈福，狂歡節則以天然藥物為塗料，參與活動數萬人互相「抹黑」不遺餘力，彷彿大規模惡作劇，不分男女老幼，撒歡作樂一身汙泥，精疲力竭卻興奮不已。

　　被列為「中國十大魅力節慶活動」的滄源佤族摸你黑狂歡節已創下世界紀錄：一是全長2,270公尺的滄源佤王宴，是「世界最長的宴席」紀錄；另一個是「世界參與人數最多的接觸類狂歡節」。這裡的翁丁佤族部落是迄今保存最完好的原始群居村落，村寨、茶山、梯田、濃厚的佤族民居文化值得一探。

6月　香格里拉賽馬會

　　每年農曆5月初5的香格里拉賽馬節，是迪慶香格里拉各民族最隆重的民俗節日，也是香格里拉的法定節日。各族人民聚集在東郊五鳳山，舉辦3天賽馬會，屆時帳篷彩旗，騎射歌舞好不熱鬧。據傳，春秋戰國到秦漢時期，香格里拉草原上的古建塘王國，每逢5月，春暖花開草原碧綠，王國騎兵便聚集此地演練閱兵，群眾蜂擁而至，觀賞騎射，踏青郊遊，久而久之成為雲南藏區的主要節日。

7月　普者黑賞荷

　　位於雲南文山壯族苗族自治州丘北縣的「普者黑」，彝語意指「魚蝦多的池塘」。而普者黑除了池塘魚蝦多，每年夏天野生荷花競相綻放，紅荷白荷映著此地獨特的喀斯特山水田園風光，風景特別好。

　　普者黑景區有16個湖泊、萬餘畝水面，形成19.8公里的旅遊航道。沿途欣賞荷花不過癮，還可以打水仗。6～9月為普者黑的荷花花期，7月中旬～8月中旬為賞荷的最佳時節；當地還會舉辦荷花節、彝族的花臉節(彝族男女借著抹花臉選擇意中人的民俗活動)、火把節等節慶。值得一提的是，高鐵開通後，從昆明到普者黑不過1個多小時，事先訂票當天往返不成問題。

❺居住在普者黑的居民以彝族最多❻紅白荷花姿態各異，濃妝淡抹總相宜❼來到普者黑就要有全身濕透的準備，乘船打水仗樂趣無窮

8月　楚雄火把節

　　農曆6月24日是彝族火把節，在昆明、楚雄、大理、麗江都有盛大慶祝儀式。這是彝族傳統節日，如今也擴及白族、納西族、傈僳族等，只是每個民族火把節的日期不盡相同。昔日火把節是祭祖、親友歡聚飲宴的時刻，各村寨會紮起數公尺高的火把，家家戶戶也會以木材綁製個頭稍小的火把，綴以鮮花，入夜後大小火把點燃，形成一道熾熱的風景。每年火把節，雲南各地都會有大型活動，第一天民族歌舞、情歌對唱、爬刀梯、誦經祈福；第二天是賽馬、摔跤、鬥牛、鬥雞；第三天夜幕降臨人人手持火把，在篝火旁盡情歌舞狂歡。

❽過去彝族人相信，過火把節可讓穀穗像火把一樣粗壯結實(照片提供／張耀)❾有「東方狂歡節」之稱的火把節是雲南少數民族重要節日(照片提供／張耀)

9月 瀘沽湖轉山節

交通建設逐步到位，寧蒗瀘沽湖機場啟用，前往此地越來越方便

農曆7月25日的「轉山節」是瀘沽湖摩梭族最重要的節日，因為這是女兒國保護神「格姆女神」的節日。摩梭族把白露節令前後、豐收在即的日子定為崇敬山水的節日，這一天，摩梭人不分男女老幼，身著民族服裝前去格姆女神山(又名獅子山，是格姆女神的化身)朝拜，懸掛彩色經幡，敬獻供品，祈求女神庇佑。之後便在湖畔搭起帳篷，野炊、歌舞、射箭、結交阿夏。

照片提供／趙林琳

(26)

文化 放 大鏡

摩梭族阿夏走婚

　　在雲南的少數民族中，摩梭族總因其「女兒國」的標誌和「走婚」習俗蒙上神祕面紗。千年來，摩梭族奉行男不娶、女不嫁的走婚習俗。男女在成年(13歲)後可參加社交活動，自由結交「阿夏(親密伴侶)」，女孩挑選心儀的異性，夜晚花樓相會，男子清晨離去，兩人不嫁不娶，雙方終生各居母家。如有小孩，由女方家庭撫養，男方則以舅舅身分撫養自己姐妹的孩子。少數好事者把「走婚」和「一夜情」畫上等號，並以此為旅遊噱頭，實則無知。

10月 東川紅土地

　　東川紅土地距離昆明250公里，在高溫多雨下發育而成的紅色土壤富含鐵、鋁，經氧化慢慢沉積，形成了炫目的色彩，方圓百里是雲南紅土高原上最集中、最具特色的紅土地。襯以藍天、白雲、山勢和梯田的變化構成了紅土地壯觀的景色。除了巴西里約熱內盧，東川紅土地被公認是世界上最壯觀的紅土地，並有「泥石流自然博物館」之稱。

　　9～12月是最適合造訪東川紅土地的季節：秋天部分紅土地翻耕待種，紅土地青稞或小麥和其他農作物，遠遠看去，就像上天塗抹的色塊，襯以藍天、白雲和光影構成了一幀幀畫作。

11月 騰沖銀杏村

　　江東銀杏村原為雲南騰沖的一個小村落，近年因數千株銀杏深秋染黃村落而聲名大噪。全村有古銀杏樹3,000餘株，其中樹齡在500年以上的有50餘株。江東村銀杏「村在林中，林在村中」，是雲南最大、最集中、最古老的一片銀杏林。

　　除了銀杏，「極地第一城」騰沖一直以火山、熱海、濕地、玉石著稱，包括和順古鎮、火山公園、北海濕地、國殤墓園和滇西抗戰紀念館吸引眾多遊客。其中火山地熱享有盛名，熱海溫泉面積之大、泉眼之多為雲南之最。直徑3公尺，深1.5公尺，出水口溫度達96.6℃的「熱海大滾鍋」是大陸少見的高熱沸泉，徐霞客到此也嘖嘖稱奇。

❶觀賞銀杏黃葉考驗運氣，早一點，晚一點都不行(照片提供／趙林琳)❷深秋一片金黃，吸引遊人無數，銀杏村也開始收費(照片提供／趙林琳)

27

12月 昆明滇池賞鷗

　　每年冬天，來自西伯利亞的嬌客紅嘴鷗就如約而至飛抵昆明。從11月開始到隔年的3月，只要來昆明都可以在翠湖公園或海埂大壩近距離觀賞數萬隻候鳥。紅嘴鷗以湖水魚蝦、昆蟲為食，目前也有系統地投餵和保護。遊客可購買鷗糧，一顆一顆拋向空中，紅嘴鷗就會爭相飛來覓食。人鷗互動是雲南最獨特的冬日景觀。

❶自1985年起，紅嘴鷗總在秋末冬初如約而至飛來昆明❷滇池湖畔的海埂大壩，面對西山，是賞鷗的最佳地點

十大必吃

不少人提到雲南的吃會簡化為「乏善可陳」，跟川菜、粵菜、甚至遍地小吃美食的臺灣相較，雲南簡直等同美食沙漠？這完全是誤會一場！那是因為許多人對雲南的原汁原味所知有限。

想像一下白族的生皮和乳扇、傣族的包燒和撒撇、布依族的花米飯、佤族的雞肉爛飯⋯⋯似乎充滿未知與冒險；更不用說過橋米線、汽鍋雞、野生菌、燒豆腐、宣威火腿⋯⋯都為雲南的千滋百味增色不少。

過橋米線以其配菜豐富程度分為秀才、舉人、進士、狀元等不同版本

◆米線◆

從早餐到宵夜，從涼拌到熱炒，在雲南，只有米線有這種魅力。雲南人吃米線叫「甩米線」，每個人都有自己一套「米線地圖」。據統計，昆明每天生產 150 ～ 180 噸米線，也有人戲稱，雲南人每年吃的米線可以繞地球 100 圈！

米線依製作方式分為乾漿米線、酸漿米線，前者是以大米磨漿後直接製成，後者是米漿發酵後經多個工序製成，口感滑嫩。米線做法有涼、燙、滷、炒，吃法眼花撩亂：小鍋米線、煮米線 (爛肉米線、腸旺、雞絲)、豆花米線、土雞米線、涼米線、炒米線、鱔魚米線、臭豆腐米線⋯⋯家族中名氣最大、最具儀式感的莫過於過橋米線，幾乎是觀光客來雲南打卡的第一選擇。

米線花樣多，夏天來一碗涼米線最為爽口

乾焙土豆絲、旋風土豆片都是土豆72變

◆土豆◆

　　雲南的入門小吃非土豆莫屬。馬鈴薯、土豆、洋芋，都是同一種農作物，也是雲南人的「國民主食」。本地俗諺：「吃洋芋，長子弟」意即「多吃馬鈴薯，頭好壯壯」。

　　雲南人對土豆情有獨鍾，變著花樣天天吃都不膩。路邊攤常見的土豆小吃至少有3種：第一是烤土豆，一根扁擔挑著一盆炭火，鐵絲網上面放著幾顆土豆，買賣就開張了。另一種是把土豆削皮切塊下油鍋一炸，金黃的土豆塊佐以辣椒粉為主的各式調料。還有以機器把土豆削成薄片，以竹籤串起後油炸，撒上辣椒粉，就是時尚版的「旋風土豆片」。關於土豆，油炸、素炒、涼拌……只有想不到，沒有做不到。

剛蒸好的玉米粑粑，香氣和口感都令人食指大動

麗江古城處處可見麗江粑粑，名氣挺大，但稍嫌油膩

◆粑粑◆

　　粑粑其實就是麵餅，雲南各地都有其特色粑粑。依製作方式可分為油煎、火烤、水燜、蒸煮；原料除了小麥，還有糯米、土豆、玉米、苦蕎等。苦蕎是生長在海拔1,000公尺以上的高寒地區作物，彝族最愛的苦蕎粑粑即是把苦蕎麵粉調成麵糊，在鍋上用文火烙成一張張麵餅，配上農家蜂蜜，口味近似美式早餐的薄煎餅，只是略帶天然的微苦味。

淋上蜂蜜的苦蕎粑粑近似美式Pancake

文化放大鏡

其他口味的特色粑粑

　　昆明官渡古鎮的「官渡粑粑」內含芝麻、花生、核桃等磨碎果仁和玫瑰、豆沙等不同餡料；大理的「喜洲粑粑」以豬油揉製的麵餅上加入甜、鹹口味的餡料，放在大的平口鐵鍋上下以木炭烘烤，因麵皮香酥又稱「破酥粑粑」；「麗江粑粑」是昔日茶馬古道長途行走時必備的乾糧；西雙版納的「潑水粑粑」則是歡度節日必備吃食。

◆火腿◆

　　雲南的宣威火腿與浙江金華火腿、江西安福火腿 (也有一說是江蘇如皋火腿) 並稱「中國三大名腿」。宣威火腿取用原生態餵養的烏蒙金豬為原料，採用細膩的岩鹽，經過雲南特有氣候長時間發酵而成。除了宣威火腿，大理的鶴慶火腿、麗江的三川火腿也小有名氣；近來聲名大噪當屬大理諾鄧火腿，經過中央電視臺紀錄片《舌尖上的中國》介紹後「一腿難求」。

　　品質好的火腿用於煲湯、或蒸好了切片，味道鮮美。滇味點心火腿月餅、火腿酥也值得品嘗，一般西點店都會自製這種傳統點心，若再配上一杯濃濃的普洱，就是完美的下午茶。

雲南人過節請客，飯桌上絕對少不了火腿這道佳肴

經《舌尖上的中國》介紹，諾鄧火腿頓時炙手可熱

◆花草蟲藥◆

在臺灣，石斛蘭用於觀賞；在雲南可用來蒸蛋

　　在「四時鮮花開不敗」的雲南，可食用的鮮花有上百種，以花入菜便成為雲南美食裡一抹獨有的浪漫。棠梨花是雲南人入春後吃的第一朵花，熱炒、涼拌、做湯都不減其色與香。鮮花似乎和雞蛋特別搭配，金雀花炒蛋、茉莉花炒蛋、玫瑰花炒蛋都是常見菜色。

　　雲南十八怪：「三個蚊子一盤菜」，足見雲南昆蟲個頭之大。蝗蟲、蠶蛹、飛螞蟻、幼蜂、螞蟻卵、蟋蟀、蟬、竹子長出的蟲 (竹蟲)……大自然的饋贈當然不能浪費，都成了餐桌上的美味。

　　以藥入菜也不稀奇。雲南特產的中藥三七和天麻經常用於燉雞火鍋，三七汽鍋雞、昭通天麻雞都是地方特色菜；新鮮的草藥如涼拌折耳根 (魚腥草)、涼拌板藍根也十分常見，本地人認為最是清熱降火。只是那股獨特的味道，部分臺灣人可能覺得難以下嚥。

把蠶蛹吞下肚，看似需要一點勇氣

現烤乳扇

雲南多地畜牧業發達，牛奶、優酪乳都是在地生產

◆乳扇、乳餅◆

烤乳扇是大理街頭最常見的吃食

「牛奶做成扇子賣」是什麼概念？

　　雲南大理畜牧業發達，盛產牛奶，也把牛奶的加工品發揮得創意十足。把新鮮牛奶煮沸，加入用酸木瓜製成的酸水熬煮至半凝固，一層一層掛在竹竿上風乾，就成了乳扇。乳扇可以沾煉乳、玫瑰醬或紅糖末直接生吃，就像外國人吃乳酪一樣；也可以油炸至金黃酥脆，沾白糖吃；大理的路邊攤則多為火烤乳扇。

　　乳餅也是滇西北的特產，以牛奶或羊奶凝固後製成的乳酪，口感鬆軟，有淡淡的奶香。把乳餅切成厚片中間夾一片宣威火腿，上鍋蒸15分鐘就是滇菜中有名的「火夾乳餅」。

路邊攤賣的夾沙乳扇，酥脆香甜，濃濃奶香

◆餌塊◆

路邊攤烤餌塊一個2元

　　「餌塊燒透了，內層綿軟，表面微起殼，即用竹片在搪瓷缸中刮出芝麻醬、花生醬、甜麵醬、潑了油的辣椒粉，依次塗在餌塊的一面，對折起來，狀如老式的木梳，交給顧客。兩手捏著，邊吃邊走，鹹、甜、香、辣，併入饑腸。」擅寫美食的大陸作家汪曾祺曾如是懷念雲南燒餌塊。

　　餌塊是以大米泡透蒸製而成，黏糯的口感近似糯米，常見的做法是烤餌塊，烤後沾上辣椒醬、花生醬、腐乳或玫瑰醬（甜味的），還有夾火腿腸、油條的「豪華版」。餌塊切片加肉片或火腿、青菜、酸菜大火快炒而成的「炒餌塊」是騰沖著名小吃。相傳明朝末代永曆皇帝被吳三桂追殺一路逃到雲南，逃難途中在騰沖吃到炒餌塊，嘆曰：「救了朕的大駕」，而有「大救駕」之稱。

餌塊切片後以蔬菜和肉片快炒即為炒餌塊

◆水果野菜◆

31

　　從溫帶的蘋果、桃子、梨子，到熱帶的香蕉、榴槤、酸角、佛手、蛇皮果、火龍果、菠蘿蜜……這裡的水果出口產量居全國之冠。在雲南，水果可以生吃、涼拌（木瓜）、煎炒（菠蘿炒肉、炸芭蕉）、燒烤、泡酒（雕梅酒、李子酒）。水果入菜也很常見：大理白族喜歡用梅子入菜，特別是醃漬入味的雕梅和五花肉燉煮出來的紅燒肉是一絕；菠蘿（也就是鳳梨）最為傣族青睞，鳳梨飯、鳳梨雞丁、鳳梨排骨，烹調過程釋放出來的果酸讓肉質更顯鮮嫩。

　　山蕨菜、香椿、灰條菜、松尖、花椒嫩葉……這些野菜更是本地人的心頭好，依時令更迭，在傳統市場都可買到。

野菜不止來自山林原野，也來自湖泊，海菜就是典型（照片提供／鄭林鐘）

雲南獨特的氣候和地理條件孕育出蛇皮果、佛手等各種水果

近來流行的松茸沙西米，可直接品嘗松茸獨有的鮮香（照片提供／鄭林鐘）

在日本視若珍饈的松茸，卻不是雲南人心中的 No.1（照片提供／曹婭）

羊肚菌有野生和人工養殖之分

◆野生菌◆

如果説日本人是「拼死吃河豚」，那雲南人就是「拼死吃菌子」。每年雲南因食用野生菌中毒數百人，死亡數十人，雲南人依然不改其志。

吃菌季節

每年 5 月下旬進入雨季，也宣告雲南吃菌子的全民活動起跑。因其氣候地理條件，每年生產 8 萬噸野生食用菌，包括牛肝菌、雞樅、青頭菌、乾巴菌、雞油菌、羊肚菌、見手青、松茸……占全國野生食用菌市場的 70%。

必嘗之菌

從事野生菌出口的本地朋友推薦，來雲南必嘗菌子前三名：松茸、雞樅、牛肝菌。

松茸

「過去雲南人嫌松茸有股草腥味，稱松茸是『臭雞樅』，後被日本人炒熱市場後，雲南人才開始嘗試松茸。」友人介紹，目前大陸國內市場消耗七成的松茸年產量，外銷日本的量越來越少。日本人喜歡做松茸燉飯，雲南人喜以松茸燉雞湯，湯色清澈，味道濃郁香甜；另可把松茸切片後用黃油在平底鍋上香煎，撒一點海鹽，用最簡單的手法突出松茸的鮮美；或乾脆做成「松茸沙西米」，將新鮮松茸洗淨切片，沾點芥末醬油，品嘗其原味。

雞樅

雞樅的吃法有很多種，家常的做法是用青椒、辣椒、蒜片爆炒，或以涼拌、生煎、燉雞湯均可；本地人喜將雞樅洗淨切片，瀝乾後以香料油炸，製成雞樅油，可以保存經年，是拌麵下飯最佳良伴。

牛肝菌

雲南生產的白牛肝菌多出口歐洲，用在披薩、燒烤或做成醬汁，雲南人嗜吃的黑牛肝和黃牛肝，則多用於燉湯和爆炒。

外國人說的松露，也就是本地人稱的塊菌（照片提供／曹婭）

夏天來雲南必嘗野生菌，大自然的香味和豐富口感盡在口腔中

不論是路邊攤，還是大餐廳，都有燒豆腐這道菜

◆包漿豆腐◆

　　一個炭盆、一張鐵網，上面鋪滿一寸見方的臭豆腐，旁邊有專人翻揀伺候，這是雲南常見的市井畫面。

　　建水臭豆腐名聲響亮，主要因為建水水質特佳，特別是用大板井的井水點鹵，做出來的豆腐與眾不同。把建水豆腐置於炭火上慢烤，待外表金黃鼓脹，香味四溢，沾上特調的乾、濕蘸水。前者是以炭灰焙製的乾辣椒，加入花椒、茴香籽、碎花生、芝麻、鹽和味精調製而成；另一碗蘸水是腐乳、辣椒、香菜，趁熱沾著蘸水入口，外皮酥酥的，裡面卻軟糯Q彈，得名「包漿豆腐」。

烹調方式很質樸，重要的是食材必須是建水豆腐 (照片提供／張耀)

在地觀察

小蘸水大學問

　　品味雲南美食，必先識得「打蘸水」。

　　雲南人的餐桌上少不了蘸水。別小看這一小碟蘸水，沒了它，美食就不完整。它不只是火鍋良伴，青菜湯、牛湯鍋、酸菜魚都必須有它的「加持」更顯滋味，就連建水燒豆腐也少不了一乾、

蘸水少不了辣椒粉，市場上販售的辣椒粉眼花撩亂

一濕兩碗蘸水。有人認為蘸水是雲南美食一大特色，濃淡隨意，老少咸宜。

　　每家餐廳蘸水配料各有祕方，包括乾辣椒粉、食鹽、蔥、薑、蒜、香菜(雲南稱芫荽)、折耳根、花椒、胡椒、豆腐乳……其中，辣椒粉是蘸水的靈魂，單單是辣椒粉就有多種做法：生辣椒曬乾後直接舂成粉末；或是辣椒曬乾後以火烘烤，再以機器或手工搓成粉末，味道各有不同。

十大必試

如果有個機會，
讓你可以做你不敢做、
或想做卻沒能做成的事，
那會是什麼？
在雲南，有很多這樣天馬行空的想像，
來到這裡，不妨放膽一試。

◆玩鳥◆

在雲南，不用具備任何專業知識和工具，只要掌握正確時機，壯觀的候鳥就近在眼前。最有名的當然是昆明的紅嘴鷗，每年 11 月起就有從西伯利亞飛來的海鷗，不遠千里造訪春城，直到來年 3 月離開。麗江拉市海每年也有 3 萬隻鳥類到此越冬，蒼鷺、黑頸鶴、大天鵝、鴛鴦……瀕危的、國家保護的珍禽盡收眼底。最佳觀鳥期是冬季，最好在清晨或傍晚租艘船到湖心賞鳥。

◆微醺◆

筆者的兒子小時候曾鬧過一個笑話，有人提到「風花雪月」，他不假思索搶答：「我知道什麼是風花雪月，就是大理啤酒嘛！」大理因為「下關風，上關花，蒼山雪，洱海月」的「風花雪月」聞名，有一款大理啤酒就以「風花雪月」命名。

雲南除了大理出產啤酒，還有臨滄的瀾滄江啤酒，香格里拉「黑犛牛」黑啤、瑞麗的怒江啤酒。還有各種花釀和果釀酒適合女性飲用，如桃花釀、玫瑰釀、梅子酒、木瓜酒、葡萄酒、甘蔗酒……微醺或宿醉，一念之間。

酒精濃度稍低，口感偏甜酸的果酒大行其道

照片提供／張耀

◆當一天少數民族◆

我們搬到麗江定居時,女兒才1歲半,在她成長的過程中,衣櫃慢慢添加了納西族、白族、藏族、彝族、布依族、佤族的傳統服飾。看到那些針腳細密、繡工精美、色彩斑斕的民族服裝,讓筆者難免衝動,想把女兒打扮成少數民族娃娃。

在雲南大的女兒,經常以少數民族服飾裝扮

在雲南各旅遊景點,只要花點錢就可以租借一套當地的民族服飾,打扮得當,自拍下來,過把少數民族的癮。或者,挽起頭髮,戴上髮簪,一襲印花長裙,一條紮染圍巾,自有濃濃民族風情。

昆明、大理、麗江都有不少專門販售少數民族服裝的店面

餐廳門口擺放的新鮮玫瑰花,多用於烹調

◆吃花◆

以食用玫瑰和糖熬製的玫瑰醬可塗麵包或泡水飲用

玫瑰是此間運用最廣泛的花卉,「鮮花餅」就是以食用玫瑰為餡料製成的。旅遊景點經常會販售乾燥玫瑰花蕾,可用來泡花草茶,長期飲用有美容養顏的功效。有興趣的話,不妨買罐玫瑰醬,大理人喜歡用玫瑰醬搭配乳扇或白粥;塗麵包、拌優格、泡玫瑰花茶,送禮自用都不錯;也有店家推出「玫瑰飲」,淡粉色的飲料漂浮著若干花瓣,散發玫瑰芬芳。

◆吃生肉◆

吃過生魚片不稀罕;你嘗過生豬肉的「重口味」嗎?大理就有一道「生皮」的傳統佳肴,原料取用新鮮的豬後腿肉、里脊,切成細而不碎的肉絲,直接沾蘸水食用,或與蘸水攪拌均勻成一道涼拌;蘸水材料極講究,蔥花、薑絲、蒜泥、香菜、油辣椒、油炸花生、核桃舂成粉末、醬油和老梅子醋(或醃梅)。另外,傣族也有「剁生」的年節佳肴,也是把豬肉、牛肉剁碎,加上蔥、薑、蒜、辣椒等佐料攪拌生吃。

做生皮的手續繁複

生皮吃起來口感Q彈,佐以酸辣的蘸水,是別具風味的涼拌菜

照片提供／張耀

◆玩火◆

每年的農曆6月25日，你可以光明正大地在街上「放火」，因為這是雲南少數民族最重視的傳統節日「火把節」。昔日，民眾在村寨的中心立起一根巨大的火把，以祭品祭祀，然後各家各戶將自家紮的火把綴以花朵，以松香、明子點燃，寓意趨吉避凶，一時間火樹銀花好不熱鬧。大型的火把節為期3天，有迎火、玩火、送火儀式，完全是一場光明正大的「火之嘉年華」。

◆發呆看雲◆

在作家沈從文的眼中，「雲南的雲似乎是用西藏高山的冰雪和南海長年的熱浪，兩種原料經過一番神奇的手續完成的，色調出奇地單純，唯其單純反而見出偉大。尤以天時晴明的黃昏前後，光景異常動人。」

「雲南」之所以得名，當然和「雲」有關。漢武帝因「彩雲南現，遣使跡之」，此處雲彩之美，凡親歷其中，都有相同讚嘆。在大理、麗江、香格里拉……海拔越高，天空越藍，雲卷雲舒全是大自然興之所至的畫作，百看不厭。

在高海拔的香格里拉感覺天空之寬廣

藍天沒有雲朵就稍嫌寂寞

雲在天上，雲在水中，具是風景(照片提供／麗江白房子度假旅社)

一入雨季，雲南人就無法淡定，因為又到了吃菌子的時候

◆逛菌子市場◆

每當雨季來臨，雲南人從不因為陰雨連綿而垂頭喪氣，相反的，他們蠢蠢欲動，滿心期待……因為雨季正宣告著「一期一會」的野生菌上市。

你可以逛逛傳統市場或野生菌交易市場，例如：昆明的木水花野生菌批發市場或麗江的忠義市場，感受交易盛況。于堅曾在《昆明記》中寫道：「菜市場散發著一種腐爛的氣味，很好聞的氣味，那是大地的腐爛，只有地老天荒的事情才會出現這種氣味，令人感到安全，感到世界的永生。」

進入雨季，菜市場盡是大自然恩賜的各類野生菌

盛產季節松茸1公斤不過100多元

雲南是世界上唯一有三軌並存的火車路線

◆搭火車◆

火車跑得比汽車慢；火車不通國內通國外，雲南的火車就是這麼不按牌理出牌。

雲南現有 3,000 公里的鐵路里程，是世界上唯一一寸軌 (600mm)、米軌 (1,000mm)、標準軌 (1,435mm) 三軌並存的

在雲南有機會利用高鐵、火車、老火車出行

地方；鐵道迷可以一邊乘火車旅遊，一邊感受雲南獨有的火車魅力。

你可以跳上火車，一路慢悠悠地晃到大理或麗江，或者搭火車出國旅行也不是難事。從昆明搭乘滇越鐵路線到達紅河州的河口，對岸就是越南。未來「泛亞鐵路」通車，還可以從雲南搭火車一路向南，前往緬甸、寮國、泰國、新加坡。

◆吹奏民族樂器◆

仔細聆聽，你來雲南絕對不會錯過一首樂曲《月光下的鳳尾竹》。這首以雲南少數民族樂器「葫蘆絲」吹奏的曲子，風靡古城大街小巷，幾乎成了各個景區的「國歌」。

何不試一試吹奏這個少數民族用以傳情的樂器呢？

筆者女兒的學校每週都有一節葫蘆絲課程，現在她已可以吹奏《竹樓情歌》。據她粗淺的經驗，葫蘆絲上手並不難，花 1 個小時看著簡譜，應該就可以吹出簡單的曲調。葫蘆絲的價格從數十元到數百元不等，雲南各地景區幾乎都有售。

上過幾節課，筆者女兒可以用葫蘆絲吹奏簡單曲目

大 十 買 必

千里迢迢來到彩雲之南豈可空手而歸？
雲南物產豐饒，特產自然不少，
舉凡鮮花餅、普洱茶、咖啡、玉石、銀飾、
藥材……都是遊客送禮自用的人氣商品。

在傳統市集中還可以看到婦女手工做
的娃娃布鞋

◆民族飾品◆

「這些年我曾血拼過的雲南土特產……」，乍聽之下，似乎是一部長長的血淚史；細數下來，不外乎民族服裝、繡花鞋、圍巾、披毯、抱枕套、茶葉、草墩、土陶花瓶、銀手鐲、銅茶壺、木雕、舊花窗……唯一保留至今的大概就是少數民族的布織品，原因無他：實用耐看，且保存不占空間。

個人推薦印有東巴文花紋的羊毛床罩 (可鋪在沙發上或當做蓋毯)、摩梭族幾何線條披肩 (可做為桌布或桌旗)，大理紮染的杯墊、桌巾、門簾，還有以彝族、苗族繡片改造成的零錢包、化妝包、腰帶 (我當作窗簾綁帶) 等。

紮染好看不貴，實用又不占空間 (照片提供／大理好禮)

◆乾燥花◆

雲南是中國最大的花卉生產基地，但無法把各色鮮花帶回臺灣，這時快速脫水，製成可以長時間保存色澤和形態的乾燥花是不錯的選擇。乾花種類繁多：玫瑰、勿忘我、麥稈菊、滿天星、薰衣草……只是有時商人自作聰明，添加人工香精，不免掃興。「永生花」、七彩玫瑰、香包、汽車掛件，都是乾花的衍生產品。昆明主城區的叉街花市、郊區的斗南花市都可以找到各式乾花。昆明長水機場也有鮮花、乾花專賣店，不過價格自然三級跳。

呈貢斗南花市賣的盒裝乾花不過數十元

◆滇紅◆

帶回臺灣的伴手禮形形色色，其中滇紅頗受好評。

紅茶是全發酵茶，比起未發酵的綠茶和白茶、半發酵的烏龍茶，紅茶茶性溫和，生熱暖胃去油膩，是女性朋友最好的「紅顏知己」。滇紅選用雲南大葉茶做原料，「條索緊結，色澤烏潤，金毫濃醇，香氣香郁」，風味品質不遜於印度、斯里蘭卡紅茶。滇紅主要產在臨滄、保山、鳳慶等地，鳳慶因整體品質佳而被稱為「滇紅之鄉」，較有知名度的品牌如鳳慶的「鳳牌紅茶」、雲南白藥的「紅瑞徠」、七彩雲南的「慶豐祥」、龍潤等。

雲南紅茶、又稱滇紅，耐泡且沖飲方便

在高海拔、日夜溫差大和土壤條件佳的環境下生產的雲南小粒咖啡 (照片提供／林健良：咖啡沙龍)

◆雲南小粒咖啡◆

19 世紀就有歐洲傳教士來到雲南，並引入咖啡的種植方法。雲南因其緯度和海拔的自然特色，成為中國少數種植咖啡的地方。2016 年中國生產咖啡 14 萬噸，雲南的咖啡產量占全國 99% 以上。

曾在雲南從事咖啡豆出口的臺商鄭發雲表示，小粒咖啡也就是大家熟知的阿拉比卡咖啡，品質中等，適合與其他咖啡拼配，或做為即溶咖啡的原料。日本雀巢咖啡每年大量採購雲南小粒咖啡原豆，因其 CP 值高，且高海拔栽植，保有日本人特別喜愛的果酸味。

鄭發雲建議，可在旅途中點一杯雲南小粒咖啡品嘗，因為原產地的新鮮是小粒咖啡的優勢，但不建議購買本地生產的即溶咖啡，「只是融合焦糖和奶精的飲品，算不上咖啡。」

知名度較高的本土咖啡品牌是「後谷咖啡」，個人常飲用的本土品牌曼老江咖啡精品 (兩度獲選全球咖啡大賽指定用豆)、愛伲莊園咖啡 (星巴克合作夥伴)，兩者現以網路銷售為主；另在大理、麗江古城均有實體店的印象莊園咖啡也可一試。

曼老江咖啡是首個獲得中國、歐盟、美國有機認證的中國咖啡品牌

◆鮮花餅◆

雲南大小旅遊景點都可看到鮮花餅，口感特別，價格適中，幾乎人手一袋。在昆明創辦「多柏思烘焙」多年的臺商林治宏說，雲南海拔高、日照時間長、日夜溫差大，食用玫瑰生長期較長，花瓣厚實，花香濃郁，做出來的鮮花餅自然別具特色。

市面上 99% 的鮮花餅都以豬油製作，豬油多有添加劑，品質良莠不齊。多柏思鮮花餅採用進口安佳牛油，奶素食可用，此外，其他品牌餡料以白糖蜜釀，多柏思則使用進口海藻糖，糖尿病患者可酌量食用。林治宏特別提醒，在景區常見「100 元 40 袋鮮花餅」等低價鮮花餅品質堪慮，不建議隨便嘗試。

以鮮花餅配普洱茶或雲南小粒咖啡都不錯

雲南大量種植食用玫瑰，以玫瑰衍生的產品多樣

在麗江忠義市場購得的海棠果是納西族奶奶採摘、曬乾後挑到市場販售的

◆雲南白藥◆

雲南白藥是雲南醫生曲煥章在上個世紀研製而成的,1971年創立了雲南白藥廠,1993年掛牌上市,2015年營收超過200億人民幣,是大陸著名的中成藥品牌。

雲南白藥的貼布和OK繃都是居家常備好幫手

雲南白藥對跌打損傷、活血化瘀、消炎去腫有顯著療效,產品有藥粉、貼布、氣霧劑、創可貼(OK繃)。此外,也開發一系列日化產品和美容護體產品,如牙膏(已占大陸市場15%)、洗髮精、面膜、發熱眼罩、護手霜……筆者覺得品牌有保證,產品實用,算是滿有雲南特色的伴手禮。

◆農特產品◆

雲南有不少有特色的農特產品,例如紅糖、皂角、桃膠、海棠果……在傳統市場或淘寶網店都買得到,也是每次回臺灣前必採購的大宗物品。

昔日用於洗澡、洗衣服的皂角,現代人喜其軟糯口感和黏稠湯汁而成了煲湯、燉粥的良伴。桃膠是桃樹結果時分泌出的結晶,富含膠質,經日曬挑選後的野生桃膠加上皂角、雪燕、紅糖慢火燉煮的養顏羹是愛美女性「吃的保養品」。

泡發後的皂角用於燉煮甜湯口感Q彈

桃膠是桃樹天然分泌結晶,富含植物膠原蛋白

行家小提醒

禁止攜帶氣霧劑上飛機

雲南白藥氣霧劑不能帶上飛機,也不能放在託運行李中哦!

◆普洱茶◆

早在明清時期,雲南便因茶馬古道運送普洱茶而聞名,來雲南不品茶,不買茶,似乎有點說不過去。不過,套句大陸用語:「普洱茶的水很深」,沒有做足功課的人,下場肯定得交足學費。

經營茶葉店多年的朋友介紹,普洱茶第一看外觀

普洱茶現以磚茶、沱茶或各種形狀的工藝茶包裝銷售(照片提供/趙林琳)

喝茶品茶是雲南人生活不可或缺的一部分

條索,第二聞氣味,看看有沒有倉儲味或黴味,然後看茶湯,湯色透亮,口感順滑回甘。此外,可視個人狀況來選購普洱茶,腸胃不太好的,可以喝安神養胃的熟普,想刮油、降三高的可選擇生普。不過昆明、大理、麗江海拔高,沸點相對較低,可能無法到達沖泡普洱茶90～95℃的最佳溫度,口感稍打折扣。

◆野生菌加工品◆

過了食用季節後，本地人就不再吃野生菌；產季之外還能吃到的野生菌是經零下50度急凍處理的，多半只有餐廳使用，讓觀光客一年四季都可以吃到野生菌，其香味不遜於新鮮菌，只是口感沒有新鮮野生菌來得Q彈。

購買乾菌回家後，先以水泡發1小時，然後洗淨煲湯，就是地道的山珍燉雞湯。有些餐廳和小店會把野生菌再加工，自製雞樅油或松露醬，也是很有雲南風味的土特產。

處理雞樅的一個經典做法就是煉製雞樅油，拌麵、拌飯、炒菜都很讚

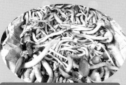

6～9月間造訪雲南，不能錯過各式各樣的菌子料理

各種野生菌的加工製品可延長保存期限，且風味不減

天麻以根莖入藥，治療頭暈目眩

◆中藥◆

雲南藥學家蘭茂所著10萬字的《滇南本草》，比李時珍的《本草綱目》還早142年。雲南是自然的天堂，生長或栽植各種名貴中藥材，其中雲南文山州特產的三七便是經典。三七被李時珍譽為「金不換」、「人參補氣第一，三七補血第一，味同而功亦等，故稱人參、三七為中藥中最珍貴者。」

治療頭痛眩暈的天麻盛產於昭通，與滋補強壯的蟲草都是雲南特有中藥材。若有需要，可到「一心堂」或其他大型連鎖藥房購買，品質較有保障，也可以持收據退換貨。

鐵皮石斛可用於食療，燉湯最常見

行家小提醒

別輕易購買高價玉石

雲南的玉石名氣響亮，但是筆者真心不敢隨意推薦，因為「水太深」。

一方面是個人的專業鑑別能力不足，甚至為零，實無法分辨真假和品項良否；另外，玉石通常單價不低，少則數千，多則數萬甚至數十萬元，若買到假貨，實在會讓荷包大失血。

雲南玉石的「坑」多是「以假亂真」和「以次充好」，前者是賣假貨沒商量，後者則是買來數千元的掛件，一經鑑定後才知頂多值幾百塊。不論路邊攤、玉石城或導遊帶去看似高端的玉石精品店都有風險。所以，除非自身有專業鑑別知識或有信任的店家，否則不建議在旅行途中購買高價玉石。

翡翠、碧璽、南紅、蜜蠟……各種玉石飾品令人愛不釋手(照片提供／趙林琳)

出發
去雲南

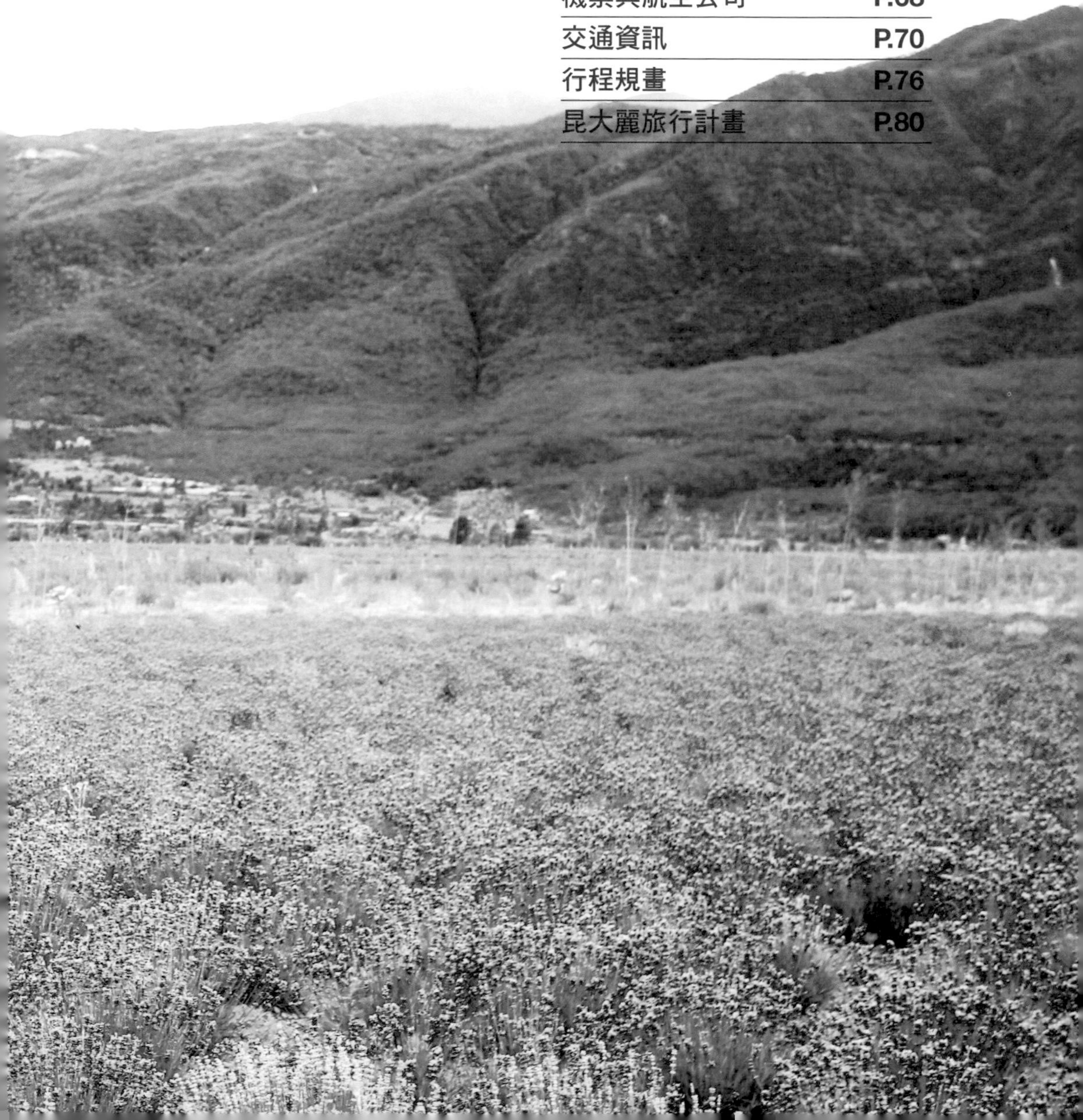

行前 Q&A

出發去雲南，你最想知道的10個答案

Q：什麼季節最適合去雲南？

雲南的地理自然環境特殊，各地差異大，選擇出遊時節務必事先了解當地天候狀況。以麗江為例，每年7、8月是雨季，但和臺灣連綿不斷的梅雨不同，這裡是每天下一陣停一陣，有時夜晚傾盆大雨，白天碧空如洗，不至影響既定行程。不過，雲南俗諺「一雨成冬」，只要一下雨，氣溫隨之下降，麗江夏天溫度在13～23℃之間，白天穿羽絨服，晚上蓋厚被子，一點都不誇張。

而海拔3,300公尺的香格里拉，每年最適合旅遊的季節是5～10月，其他時間都是低溫或下雪，且雲南的高冷地區入冬後不像大陸北方全面供暖，加上戶外景點天寒地凍，對於來自亞熱帶海島的臺灣旅客來說，著實吃不消。

時序進入春天後，雲南就成了花花世界
(照片提供／鄭林鐘)

香格里拉是傳說中的世外桃源，高海拔是朝聖遊客的一大挑戰

Q：要避免何時前往雲南？

除了考慮季節氣候，還有一點特別重要，儘量避開大陸旅遊旺季，包括十一黃金週、小長假短線遊和暑期遊。這些時段內機票、住宿價錢三級跳，機場、景區、餐廳人滿為患。

淡旺季的旅遊成本差異極大，許多客棧在旺季坐地起價，原本200元一間房，旺季可喊到600元。在旺季時，要想叫到計程車更非易事，司機隨意喊價、短程拒載也屢見不鮮。因此，千萬不要跟著大陸的旅遊旺季湊熱鬧，除了花冤枉錢，還容易受一肚子氣。相反的，十一長假後，昆明到麗江單程機票從原價1,000多人民幣降至100多人民幣，住宿、包車也都可以找到極優惠的價格。強烈建議，如果時間許可，儘量避開農曆春節、暑假和十一長假，安排「錯峰出行」。

大陸的旅遊旺季。不僅一房難求，還得忍受變相加價

Q：要怎麼從臺灣去雲南？

目前桃園、高雄都有直飛昆明的航班；桃園也有直飛麗江的航班。通常直飛航班票價會比轉機貴許多，若想選擇經濟型出遊，可在香港或大陸其他城市轉機，耗時較長，機票成本相對降低。同時，直飛航班多被兩岸旅行團包機，不容易訂到機票，如果有出行計畫，最好提前幾個月安排。

Q：雲南有哪些好玩的地方？

「昆大麗」是雲南省內發展時間長、相對成熟的經典路線，也是臺灣人第一次遊雲南的首選。只是發展成熟的城市，相對來說就是「過度開發、了無新意」，所以除了昆大麗之外，可視個人假期長短或興趣做額外安排：無論是「女兒國」的瀘沽湖、11月的騰沖銀杏村和地熱溫泉、12～3月初的元陽梯田、農曆春節前後的羅平油菜花海、7～8月的普者黑荷花花海……都值得專程或順道一遊。

❶常聽說臺灣最美的風景是人；雲南也可以發現這樣質樸的風景❷❸雲南山水或秀美或壯麗，各有所好

❶街頭不乏中國各地和各民族的小吃(照片提供／鄭林鐘)❷辣椒,雲貴川都少不了這一味❸凡到了高海拔的地方,少不了熱騰騰的火鍋暖暖胃

Q 飲食會不會吃不慣?

　　和貴州、四川人一樣,雲南人也愛吃辣,幾乎路邊小吃、餐廳菜肴都少不了辣椒的點綴;若吃不了辣可以提醒店家不加辣,不過通常沒用,最常見的回答是:「這個辣子一點都不辣!」雲南人的飲食特色是「只要綠色都是菜,只要會動的都是肉」,所以野菜、鮮花、昆蟲都是佳肴,建議不妨大膽嘗試雲南的原汁原味。只有野生菌不建議隨便亂吃,每年因誤食野生菌中毒者大有人在。

Q 隻身去雲南旅遊安全嗎?

　　根據個人在雲南居住10年的經驗,雲南民風相對淳樸(這裡指的是一般老百姓,不是少數處心積慮掏空遊客錢包的旅遊從業人員),特別是少數民族都挺友善的,越到鄉下越能感受到他們的親切好客;相反的,在越商業化的城市就越得留意,提防各種騙局。從安全來考量,一個人隻身來雲南自助旅行完全OK。

火車站、客運站人潮湧動,少不了扒手小偷

Q:上廁所方便嗎?

　　雲南是大陸的旅遊大省,各項基礎建設逐步到位,昔日臺灣人赴大陸旅遊特別關注的「方便」問題,現在都不成問題,不少景區還號稱提供「五星級公廁」。只是公廁還是以蹲式居多,年長或行動不便的朋友要特別注意。

Q:如何安排行程?

　　旅程安排建議至少7天以上,因為臺灣、雲南來回交通就需2天,剩下的5天時間頂多遊覽2個城市,想在7天內玩遍昆大麗會很緊湊。主要是因為昆明到大理公路距離300多公里,昆明到麗江500多公里,城市間移動相當耗時。如果時間充裕,10～14天比較可能從容地深度遊雲南。

搭乘飛機連接雲南省內城市十分方便

Q：有哪些安全問題要注意？

出門在外，安全第一。出行時，不要圖方便或貪便宜選擇黑車。此外，火車站(火車車廂)、客運站(公車上)和人流攢動的商場、菜市場都是小偷扒手下手的最佳場所，不要把手機放在外套口袋，最好採取背包前背的方式，並將財物證件分開保管。

豔遇有風險，遊人需謹慎(照片提供／鄭林鐘)

生活裡處處可見傳統與現代，原始與文明並行不悖的畫面(照片提供／鄭林鐘)

雲南因接近金三角，毒品問題(吸毒、運毒、販毒)較為明顯，千萬不要因好奇以身試法。此地也是大陸愛滋病的重災區，歷年愛滋病患者累計超過10萬人，那些幻想來雲南「豔遇」或「一夜情」的男女得三思。

Q 有沒有特別的禁忌？

在大陸旅行途中，無論在什麼場合，對方是大陸人、外國人或同行團友，都不宜討論政治，避免不必要的麻煩。雲南是大陸少數民族最多的省分，各民族有不同的風俗習慣，務必尊重當地民情，入鄉隨俗，特別是拍照、用餐、前往民家參訪時要注意禮節。部分身著少數民族服裝的當地人會要求「有償攝影」，按快門前請了解情況。

另外，導遊總愛提醒，到了石林稱呼女生為「阿詩瑪」，男生為「阿黑哥」；到了大理，當地白族姑娘是「金花」，男生是「阿鵬」；麗江的納西族女生是「胖金妹」，男生是「胖金哥」，這些只是增加旅程中的趣味，並非絕對。只要不要隨便稱「小姐(此地多指特種行業)」就好。女生叫「美女」，男生叫「帥哥」，在餐廳時直接喊一聲「服務員」都OK。

❶香格里拉藏民信仰虔誠，寺廟、唐卡多有可觀之處❷少數民族的面孔和服飾總令人忍不住按下快門，但拍照別忘了禮節❸雲南民族多元，信仰也多元，務必保持應有的尊重(照片提供／鄭林鐘)

文化 放 大鏡

什麼是唐卡

前往香格里拉旅遊，必會參訪藏傳佛教寺院，其中極具代表性的唐卡尤其值得細細欣賞。唐卡是藏傳佛教中以彩緞織物裝裱而成的卷軸畫，題材以佛像和佛教故事為主，繪製完成經開光和加持後，供奉於寺廟和信眾家中。由於唐卡上下有卷軸便於攜帶，因此僧人與民眾可以帶在身邊隨時頂禮膜拜，如佛隨身庇佑。如今，唐卡不只代表藏傳佛教的文化，部分作品更是殿堂級藝術品。

雲南旅遊黃頁簿

這裡世居26個民族，雲南獨有的少數民族有15個

雲南多山，海拔1,000公尺以下的土地只占全省面積的10%

雲南省	
簡稱	滇
省會	昆明
地理位置	位於中國西南方，北回歸線橫貫南部。東與貴州、廣西為鄰，北部和西北部與四川、西藏相連，西部同緬甸接壤，南部和老撾(寮國)、越南相鄰
氣候	亞熱帶季風氣候、熱帶季風氣候
時差	雲南和全中國其他地區一樣，都屬於東八區區時，適用北京時間(也就是臺灣所謂的中原標準時間，UTC+08:00)，與臺灣沒有時差
電壓	220V
面積	39.4萬平方公里
人口	約4,700萬人
民族	人口達5,000人以上的民族有26個，少數民族約占總人口數1/3
語言	普通話為主，少數民族各有其語言
貨幣	人民幣
匯率	1：4.5 (人民幣：新臺幣)
國定假日	元旦、春節、清明節、五一勞動節、端午節、中秋節、十一國慶
機場	雲南現有15個機場投入使用。其中，昆明長水國際機場為區域性樞紐機場，另有麗江、西雙版納、騰沖、大理、保山、芒市、香格里拉、臨滄、普洱、昭通、文山、瀘沽湖、滄源佤山、瀾滄景邁14個支線機場

日常生活資訊

電壓

大陸電壓為220伏特，臺灣為110伏特。一般旅遊電器如手機、相機、電腦、刮鬍刀等均可使用，但插頭略有不同，建議帶一個轉換插頭以備不時之需。

郵政

縣城均有郵局，不過不建議郵寄明信片和信件，費時且丟失機率高。若行李超重或購買大型紀念品，可透過大陸郵局寄回臺灣，時效性高的物品可寄空運，沒有時效性的物品可寄便宜的海陸聯運。但兩岸對於哪些物品可以寄運有嚴格規定，例如：郵寄普洱茶回臺灣以2公斤為限，請諮詢當地郵局。郵局營業時間：週一～日08:00～17:00(16:30後不辦理業務)。

行動上網

前往大陸旅遊前記得先在手機或電腦上下載多個VPN(虛擬私人網路)應用程式，以備不時之需。在雲南旅遊途中如何使用手機無線上網？有下列幾種方式：

◎用臺灣門號漫遊

可在大陸接打電話(費率當然比較貴)，另外再附加海外上網的服務。以中華電信為例，凡是中華電信月租型門號客戶，可依出國時間選擇1日、3日、5日型等多日型方案無限上網，可隨時上Facebook、LINE聯繫國內親友。

◎購買中國上網卡

如果只想上網，不需要接聽電話和收發簡訊，可在臺灣上網購買「中國上網卡」，有5日、7日、10日的方案，或依需要客製化天數。在大陸全境可跨省使用4G吃到飽，支援熱點分享。

◎申辦大陸手機門號

目前在大陸辦理手機業務嚴格實施「實名制」，臺灣人或外國人須持臺灣同胞往來大陸通行證或外國護照，前往「中國移動」、「中國聯通」或「中國電信」3大營運商的營業廳辦理實名登記。根據筆者實際帶臺灣友人申辦大陸手機門號的經驗，很多營業廳都不熟悉作業而說無法辦理，過程耗時費力；所以如果不是在大陸長期停留或計畫在大陸銀行開戶(現在新開戶必須具備本人實名登記的手機號碼)，否則不建議辦理大陸手機門號。

緊急救助和醫療

雲南大城市的醫療品質差強人意，而縣市也有人民醫院、衛生院、私人診所。由於大陸仍是狂犬病疫區(特別是人口稠密的東南沿海地區和雲、貴、川等地)，一旦被犬或貓咬傷，請立刻前往就近的醫院注射狂犬病疫苗。

緊急連絡電話

日常生活	旅遊	醫療
報警求助 110	全國旅遊投訴電話	雲南省急救中心
火警電話 119	12301	871 6835 3860
急救電話 120	雲南省旅遊執法總隊(投訴電話)	雲南省第一人民醫院
交通事故 96122	871 6460 8315	871 6363 9921
天氣預報 12121	昆明市旅遊局檢查大隊(投訴電話)	昆明醫科大學第一附屬醫院
電話號碼查詢 114	871 6316 4961	871 6532 4888
		昆明瑞奇德醫院
		871 6574 1988

消費與購物

匯兌

多數景區、酒店、餐廳、商店以收取現金和刷銀聯卡為主，建議旅客在臺灣兌換人民幣(每人每次入境限攜帶現金2萬元)。不過，持新臺幣、美金、旅行支票在大陸的中國銀行也可兌換成人民幣。有「銀聯標誌」的信用卡和儲蓄卡，在縣級以上地區的銀行和ATM均可提款(異地本行或異地跨行可能酌收手續費)。銀行營業時間：週一～五09:00～17:00，部分銀行週六或週日正常營業。

❶ATM也可用信用卡提款，酌收手續費❷雲南各地可見大小銀行和自動櫃員機，存提款很方便

信用卡

信用卡的使用不如臺灣普及，只有機場、大型酒店、餐廳、商店接受刷卡。在大陸，使用銀聯卡(銀行儲蓄卡)最為普及。如果經常往來大陸，可持臺胞證在大陸任何一家銀行開戶(目前銀行新開戶手續愈趨繁瑣，除須本人實名登記的手機號碼，部分銀行還須提供臺胞證以外的第二項身份證明)，以此綁定支付寶、微信等電子支付，用於訂機票、訂房、購物、乘車、外賣、使用共享單車……較為方便。

❶只要持臺胞證，都可以在大陸銀行開戶辦銀聯卡❷商店購物主要以現金、銀聯卡和電子支付為主

營業時間

　　一般商店：10:00～22:00，大型超市(家樂福、沃爾瑪)：08:30～22:00，大型景區(大理古城和麗江古城)的商店大多營業至晚上23:00。

議價

　　正規商店、商場都是明碼實價，沒有討價還價的空間；不過在旅遊景區的商店多半可以殺價。在大陸旅遊，凡跟團或跟導遊進店購物，商家會給旅行社和導遊回扣，例如普洱茶、玉石、銀飾……有時回扣比例高達40～60%。很多物品屬於國家保護，例如紅豆杉茶具、榧木木雕或茶盤、象牙製品等，進行買賣或被海關查獲可能會有刑責。

❶雲南產的南紅近年頗受喜愛(照片提供／趙林琳)❷可從雲南購買乾花帶回臺灣，但鮮花、種子等則在禁止之列

30天無理由退貨

　　自2016年11月底，雲南政府頒布了新規定。只要符合下列4個條件，即可向雲南省旅遊購物退貨監理中心申請30天無理由退貨：

1. 退換貨必須自購物起30天內
2. 必須是在雲南省評定的旅遊購物店所買的商品(目前通過評定的購物店有157家，非此範圍內的商品若要退換貨，由購物點所在的消費者協會和工商部門處理)
3. 出示購買憑證，或商家開立的收據、發票
4. 退換貨商品沒有人為損壞或物理變化

雲南省旅遊購物退貨監理中心
✉ 昆明市西山區南亞風情第一城南亞星光苑D4－9號
☎ 400 0060 822
🕐 09:00～21:00，全年無休

必備證件

持臺胞證入境免簽

持有效期限內的臺胞證可隨時進出大陸

自2015年7月1號起，臺灣民眾只要持有效的「臺灣居民來往大陸通行證」，毋須辦理簽注，即可經開放口岸來往大陸，在大陸地區停留、居留。換言之，無論是持紙本臺胞證或電子(卡式)臺胞證，在有效期限內，均可自由進出大陸旅遊，不必再花錢加簽。

如果未申辦臺胞證，可持護照和身分證在入境機場「中國公安出入境管理」處辦理落地簽「一次出入境有效臺胞證」(外型與紙本臺胞證同，僅有4頁)，費用為人民幣40元，停留時間為3個月。正常情況下，在口岸辦理證件的時間每人不超過10分鐘，申請人等候時間不會超過30分鐘。特別提醒，目前在雲南，只有昆明長水機場開放辦理一次出入境有效臺胞證，麗江三義機場無法辦理。

持卡式臺胞證可在大陸申請快速通關

72小時過境免簽

昆明長水國際機場口岸對美國、英國、法國、俄羅斯、新加坡、韓國、日本……等51國實施在昆明中轉72小時過境免簽措施。只要持有效國際證件和已確定日期的72小時內前往第三國聯程機票，均可申請過境免簽。免簽人員如遇突發疾病或災害事故等外力不可抗力，或其他特殊情況，需要在昆明停留超過72小時，須到昆明市公安局出入境管理局辦理相關簽證。

> **昆明市公安局出入境管理局**
> ✉ 昆明市盤龍區拓東路118號
> ☎ 871 6314 4695，24小時值班電話：138 8855 6307
> 🕐 09:00～12:00，13:30～17:00
> http 雲南公安出入境管理網www.crjyn.net

行家小提醒

如何在大陸快速通關

持電子(卡式)臺胞證到大陸機場「勤務督導櫃檯」，告知申辦自助查驗通關備案，填好申請表格，到另一櫃檯拍照，並記錄指紋即完成備案。下次進出大陸海關，便可走自助查驗通道，刷卡通過自助通關查驗機。

行家小提醒

申辦5年有效電子(卡式)臺胞證

準備2寸相片1張(最近6個月拍攝的白底彩色大頭照，衣服不能是白色)、護照影本、身分證正反影本。交由臺灣旅行社辦理，費用為台幣1,400元，需5個工作天。

(52)

前往雲南，你不可不知

黑車、黑司機、黑導遊

雲南旅遊經常被「黑」：因為大量觀光客湧入，各種沒有合法資質、證照的「黑車」、「黑司機」、和未經受訓考試的「黑導遊」充斥旅遊市場。從抵達昆明長水機場入境大廳(火車站、客運站、景點出入口)的那一刻，就有黑車司機趨前拉客；遊覽翠湖、金馬坊，也有人熱心遞上各種低價旅遊團宣傳海報；麗江古城主要出入口也有許多阿姨、大媽，熱心拉客到拉市海，車費只要5元(或10元)，但到了拉市海，騎馬、划船、遊湖行程動輒數百元。

低價旅行團的陷阱

多年前，一位臺灣朋友來昆明看到石林1日遊的傳單，包括交通、午餐和景區門票才100多元，不明究裡的他興沖沖報名參加，從早上

不到100元的石林1日遊，連景區門票都不夠，利潤從何而來，可想而知

7點集合上車到晚上7點返回昆明市區，真正逛石林只有1小時，沿途全是購物和拜廟，身為基督徒的他叫苦不迭。

大陸旅遊主管部門近來嚴打所謂「零團費」或「負團費」的旅行團，這些低價團的機票、酒店、餐費、門票加起來明顯低於成本，自然景點縮水，餐飲和住宿不符標

低價團是雲南旅遊備受詬病的重點之一

準，大量增加購物時間和次數，或推銷自費行程來補貼旅行社和導遊。過去真實事例是，在麗江參加300元的香格里拉1日遊，走到半路強制被推銷數百元的「藏民家訪」自費行程，不想參加可能會被惡劣導遊言語威脅……

如果想在當地報名參加團，一定要選擇有口碑的旅行社，不要貪小便宜選擇低價團。簽訂合約之前，也要和客服人員溝通確認路線、住宿餐飲條件、是「純玩團」還是「購物團」，確認細節後再決定是否跟團旅遊。

仍保留古風的沙溪古鎮是外國遊客的最愛

購物務必索取發票

來雲南旅遊，被導遊強迫購物，也是近來媒體和消費者經常曝光的負面消息。雲南旅遊紀念品五花八門：普洱茶、翡翠、黃龍玉、銀器銀飾、保健食品(三七、天麻、螺旋藻、瑪咖)、藏藥、鮮花餅……旅遊購物時最常遇到「以次充好」：在茶葉店品的是一款好茶，買回家沖泡完全是兩種味道；或在玉石城買了2萬元的玉鐲，識貨的朋友一看只值2,000元。所以購物時一定要索取發票，並檢查發票上的內容與購物品項是否相符，如果發現所購買的物品品質有問題，可透過旅行社辦理退貨，或向當地旅遊管理部門投訴，只要證據充分，相關單位都會明快受理。現在網路發達，無良導遊、商家一經曝光往往會受到罰款、吊銷執照的懲罰。

政府整頓旅遊亂象

2016年，前來雲南的觀光客達4.3億人次，不過雲南旅遊投訴率近3年也居全國榜首。2017年起，政府主管部門大刀闊斧宣示整頓旅遊亂象：包括禁止不合理低價遊；禁止「旅遊進店」，取消旅遊定點購物；統一制定新的旅遊合同示範文本；嚴查藥托、酒托(專門誘騙觀光客高價買藥或在酒吧高額消費的人)誘導欺詐消費者的行為；嚴查以祈福、燒香、點燈為名，詐欺遊客錢財之行為；嚴查旅遊餐飲業「陰陽菜單」；整治計程車不跳表的行為……但成效如何，還有待觀察。

景區滿大街的低價伴手禮，品質堪慮

如今各景區猶如超大市集，商品千篇一律(照片提供／鄭林鐘)

小心跳坑

中國之大，無奇不有。日前曝光旅客在昆明火車站附近的雜貨店買1瓶礦泉水，付了1張百元大鈔，老闆找錢手法神乎其技，找回來的零錢少了40元，消費者竟渾然不覺。另外，火車站附近的小店也設計騙局，在狹窄的商店通道一轉身，陳列架上一個玉鐲哐噹一聲墜地砸成兩半，老闆二話不說，要求賠錢了事……遇到這種「碰瓷(大陸專指敲詐勒索的行

和路邊奶奶討價還價也是一種購物樂趣

為)」騙局，處理方式無他——立刻報警。

當然，在景點用餐時也要留心菜品標價，過去海南的天價海鮮或青島1隻大蝦38元人民幣等「宰客」新聞層出不窮；麗江部分餐廳有「陰陽菜單」，本地人一套、外地遊客一套。點菜時一定要先和店家確認菜品價格，以免吃了一肚子氣。

行家小提醒

要不要給小費

和許多亞洲國家相同，大陸旅遊不必給司機、導遊、餐廳、客房小費，遊客可以自行視其服務品質決定是否給小費。如果導遊直接或間接索取小費是違法的，情節嚴重可暫時或吊銷其導遊證、領隊證。

酒吧一條街是大陸景區特有的夜生活現象(照片提供／鄭林鐘)

高原反應

初到雲南，如果你突然覺得口乾舌燥、心跳加快、呼吸急促……並不是因為一見鍾情，墜入愛河，那有可能是高原反應。

照片提供／鄭林鐘

發病原因

　　所謂高原反應，是指未經適應訓練的人，突然到達一定的海拔高度，因大氣中含氧量降低(海拔2,000公尺空氣中的含氧量是平地的84%，3,000公尺空氣中的含氧量約為平地的77%)，身體對低氧環境不適應，造成缺氧，由此引發一系列不適應高原的症狀。

好發地區

　　一般來說，到海拔2,700公尺的地方便容易出現高原反應。以此對照雲南主要城市：昆明海拔1,900公尺、大理2,050公尺、麗江2,400公尺、香格里拉3,300公尺，多數人在昆明、大理不會有高原反應，但到了麗江、香格里拉就因人而異。

症狀

　　高原反應的症狀為頭痛、頭漲、胸悶、微燒、頭暈、四肢無力、厭食；少數人會嘴唇或指尖發紫、嗜睡或睡不著，一般症狀大概1～2天可緩解。高原反應跟性別、年齡沒有必然關係；如果本身有高血壓或心肺疾病，行前最好先諮詢醫生是否適合前往高海拔地區旅行。

預防方法

　　初到高原一定要放慢腳步，不要逞能快走、跑步或激烈運動，避免暴飲暴食，少煙酒，注意保暖、補充水分。最好先休息半～1天，等身體適應當地海拔後再安排緊湊行程。因此建議到達麗江的第1天先放慢腳步，在麗江古城或束河古鎮閒逛，過1～2天後再安排玉龍雪山1日遊。

　　如果擔心自己或同行者可能會有高原反應，可在出發前3～5天服用紅景天膠囊；到達雲南後，各地藥房都有販售各種抗高原反應的藥物；若高原反應嚴重，地方醫院也有豐富處理經驗，不必過於擔心。前往玉龍雪山或香格里拉等高海拔地區，沿路有售氧氣瓶，可隨時應急。

上雪山前最好先備妥氧氣瓶，景區標價絕不親民(照片提供／鄭林鐘)

其他注意事項

▌不必天天洗澡

昔日筆者在麗江經營民宿，每每建議初到麗江的臺灣朋友不必天天洗澡，通常都換來狐疑的眼光。因為生活於低海拔、甚至零海拔的人很難想像在高原地區天天洗澡的「潛在風險」。高原溫差變化大，天天洗熱水澡會促進毛孔擴張，加速血液循環，增加身體耗氧量，一冷一熱之間很容易感冒，感冒又易引起高原肺水腫，危險不容小覷。

在雲南，冷暖氣空調不是必備；但在麗江和香格里拉少不了禦寒的火爐

▌必備外套

一般來說，每上升1,000公尺，溫度下降6℃，高原地區溫度明顯較平原低；另外春天和冬季早晚的日夜溫差可達12～20℃，入夏雨季日夜溫差也在10℃，所以無論何時來雲南旅行，最好都帶上一件外套(具防風、防雨功能尤佳)；夏天適合收納方便的薄款羽絨服或春秋外套，冬天需要厚款羽絨服(或保暖外套)、帽子、手套、厚襪子等禦寒裝備；另外，若有安排戶外活動，如徒步、登山、攀岩⋯⋯則需準備專業裝備。

身處海拔3,300公尺的香格里拉，很容易出現高原反應

58

照片提供／鄭林鐘

▎做好防曬

經常看到高海拔地區的孩子臉蛋紅撲撲的十分可愛，殊不知這種「高原紅」是因為高海拔、空氣乾燥和強烈紫外線損傷皮膚，造成角質層過薄，毛細血管擴張的結果。此外，還伴隨嘴唇乾裂、鼻腔呼吸疼痛或流鼻血的現象。

「烤太陽」是雲南人日常生活的一大享受，陽光看似和煦溫暖，但長期曝曬，皮膚發紅、疼痛、最後就會變黑。生活在高原上的少數民族多黝黑，正是因為長時間曝曬於強烈紫外線所致。此外，長期日曬也會造成角膜、眼球晶體、視網膜的損傷，所以前往高海拔旅遊，太陽眼鏡、遮陽帽、防曬乳、長袖襯衫、護唇膏、保濕乳液，一樣都不能少。

在雲南，早上10點以前或下午3點以後才是「烤太陽」的最佳時機。

烤太陽是雲南人的日常享受，小狗狗也不例外

因紫外線強烈，長住高海拔地區皮膚容易曬黑

59

住宿訂房

住宿Q&A

雲南的住宿平價嗎？

雲南是旅遊大省，住宿選擇五花八門。以價格區分：青年旅舍30～60元一個床位，經濟住宿一晚100～250元，商務住宿每晚250～500元，豪華住宿500元以上到數千元不等。價格依淡旺季變化明顯：旺季為春節、暑假和十一黃金週，不僅一房難求，有時房價三級跳；相反的，淡季遊雲南可找到超值住宿。

大理和麗江古城內的客棧數千家(照片提供／鄭林鐘)

百千客棧隱身古城巷弄中(照片提供／鄭林鐘)

窗外風景往往成為選擇住宿時的一大吸引力(照片提供／大理綠社)

少數臺灣朋友陸續在雲南各地開客棧，冷暖自知(照片提供／鄭林鐘)

能夠徹底放鬆就是旅行中最佳的住宿體驗(照片提供／阿若康巴慶雲莊園)

▋房間裡沒有冷氣？

因天候冬無嚴寒，夏無酷暑，位於雲貴高原上的昆明、大理、麗江多數客棧、酒店都沒有空調，特別是冷氣；一般客棧多備有電熱毯、電熱器和浴霸(浴室取暖裝置)。由於氣候乾燥，少數客棧會在客房準備加濕器，如果沒有，可放杯溫水在床頭。越來越多客棧不提供拋棄式盥洗用品，建議旅客自備牙刷、牙膏等個人盥洗用具，響應環保出行。

▋要不要住古城？

以大理古城或麗江古城為例，古城內外居住感受差異大。如果第一次來大理，可安排1～2天住古城內，感受一下古城的熱鬧；若時間仍有餘裕，可選擇住宿才村碼頭、喜洲古鎮或海東沿岸的雙廊、挖色等地。

麗江也是如此，選擇住古城可直觀感受古城小橋流水和納西民居的氛圍，只是古城多半都是木結構，隔音較差，周邊環境也吵雜。古城外的束河古鎮、白沙古鎮或香格里大道沿線也有很多住宿選擇。

▋要不要住海景房？

來大理，遊洱海，不住海景房好像白走了一趟？大理打著「海景客棧」的旗號數不勝數，其共通點除了海景，大概就是貴：一般500元起跳，好一點的1,000多元一晚(名人開的酒店一晚要價3,000多元)。通常位置好一點，坐擁無敵海景，大多沒有公共交通，如果沒有自備交通工具，最好先考慮住宿位置，因為外出用餐、遊玩都不方便。

住宿類型

▋五星級酒店&度假村

　　雲南是旅遊大省，不少五星級酒店早早進駐，不過新舊差異大，建議事先了解。例如：麗江悅榕莊昔日是高端客層的第一選擇，10年過去了，大研安縵酒店、金茂君悅酒店、英迪格酒店等頂級酒店陸續進駐，奢華住宿的選擇更多了。此外，也可考慮有特色的休閒度假型酒店，例如結合SPA、溫泉的雲南品牌柏聯酒店，或雲南30幾個高爾夫球場度假村。

▋經濟型快捷酒店

　　如果對住宿的要求不高，或有預算考量，快捷酒店是最方便的選擇。在美國Nasdaq上市的如家酒店集團旗下的「如家」走平價路線，「莫泰酒店」是商務型連鎖酒店，而現有30幾家的「雲上四季」集中在雲南。此外，漢庭酒

雲南不乏高端住宿，滇池畔的昆明洲際酒店也是人氣之選(照片提供／昆明洲際酒店)

位於翠湖畔的翠湖賓館，行過一甲子依舊舒適奢華(照片提供／翠湖賓館)

每間Villa皆可看到玉龍雪山，是麗江悅榕莊的一大亮點

多年前筆者在麗江古城經營的民宿

傳統民居式客棧吸引不少遊客體驗在地氛圍

店、速8酒店、7天連鎖酒店、錦江之星、格林豪泰酒店都屬此類，房價約在100～200多元，淡旺季差異不大。如果有機會經常來大陸旅行，可以辦酒店會員卡，房價更優惠。

▌特色客棧／精品酒店

在大理、麗江古城內外，小型住宿多稱「客棧」，有些是傳統民居改造，有些是全新打造，上千家的小型客棧，得看口碑和朋友推薦。近年來，大陸也吹起民宿風，雲南有為數甚多的特色民宿，很受媒體和消費者喜愛。另一類屬設計感較強的「精品酒店」，主人有時是名人或藝術家，每晚房價從數百元到數千元不等。

青年旅舍多附設餐廳、酒吧、撞球和大量公共空間供背包客使用

▌青年旅舍

雲南發展旅遊的時間很長，青年旅舍也相對發達。一個乾淨的床位、無線上網、旅遊資訊交換、車票代售、投幣洗衣設備、廚房炊具……等青旅標準配備一應俱全，住宿一晚50元左右。

許多精品客棧都在設計上凸顯雲南特有的民族元素(照片提供／阿若康巴慶雲莊園)

預訂住宿注意事項

如何挑選合適的住宿

選擇住宿不外乎考慮預算、地理位置、酒店的硬體設備、軟體服務。對自助旅行的人來說，便利出行的位置應列為首要考量，訂房前務必對目的地城市有初步了解，查看地圖，了解想去景點的位置後，再決定住在哪個區域。除了地點位置外，入住者的評語和好評率也是重要篩選指標，記得關注每個房間細節，網站上提供的照片越多越好。

選擇訂房網站

大陸常用的訂房網站(APP)有「飛豬旅行(阿

能夠欣賞山景、海景或古城全景，都是客棧的主打賣點

訂房前，多參考訂房網站提供的照片和用戶評語

里巴巴旗下)」、「攜程」、「藝龍」等，不少使用者推薦「去哪兒旅行」，因為可同時比對不同訂房網站價格，也會顯示返現(現金回饋)、直減(折扣)的優惠。國外網站如「貓途鷹(TripAdvisor)」主要可看用戶評論；「安可達(Agoda)」可用來參考價格；或以當地民宿公寓為主的「Airbnb」也很好用。如果屬意特定酒店，也可以上酒店官網，交叉比對價格。

房價的變數

早一點預訂酒店比臨行前預訂好，很多酒店會有提早14天、提早28天的促銷優惠。如果出行的時間正好是當地的淡季，或許就可以找到酒店優惠活動。另外，價格相當時，可比對酒店配套服務，例如是否含早餐(單早或雙早)，有沒有接送機服務等。

確定取消訂房

遇到行程變更或必須取消訂房的情況，在訂房前最好先了解相關規定，有些酒店是7天、3天或24小時前取消訂房要收取第一天房費。若遇到天氣原因取消航班，或身體疾病原因無法成行，提供相關證明也許可通融退費。

▌訂房APP操作步驟

Step 1 下載訂房APP

下載「去哪兒旅行」APP，進入首頁

Step 2 輸入資訊

輸入目的地城市、停留時間、選項(如地點、星級、評價、人氣、價格)，篩選過後的住宿可以按酒店排名依序查看

Step 3 比較差異

出現篩選酒店後，比較其地點和條件。需注意網路訂單量和使用者評價(特別是差評的意見，例如隔音、浴室設備、客房清潔等)

選擇有興趣的住宿後，點進去看用戶評價

无早

限时取消

「去哪兒旅行」的特色就是會出現不同平臺提供的不同價格，此處注意價格有分內賓(大陸本地遊客)、外賓(境外人士)

Step 4 付款

大陸訂房網站分為到店付款和線上付款2種，不需要信用卡擔保

Step 5 預訂成功

收到網站或酒店發來的確認通知，通常會有確認訂單編號。另外，酒店也會提供酒店位址、電話、電子信箱，可聯絡酒店了解乘車路線或交通工具，或有無接送機服務

位於水庫旁的客棧坐擁水映雪山無敵景致(照片提供／麗江白居子度假旅舍)

推薦 APP

對很多人來說，出門旅遊時沒帶手機，比沒帶錢、沒帶換洗衣物還不方便。因為許多手機的應用程式，已將旅程中即時資訊、通訊、翻譯、分享等功能發揮到極致，成了現代人旅程中不可或缺的利器。有些臺灣常見的APP，如：Google Map，在大陸無法使用。以下是筆者推薦在大陸旅遊時的實用APP，別忘了出遊前先下載好，確保旅途順暢！

種類	App		說明
地圖	百度地圖		建議兩者都下載，了解相對位置，可以少走冤枉路，同時還會顯示步行、搭公車或自駕的建議路線和所需時間
	高德地圖		
攻略	螞蜂窩		以大量用戶的個人遊記為基礎，分類出衣、食、住、行等實用訊息和評價，同時提供快捷的住宿預訂和門票訊息。缺點是無法規畫行程和路線
	窮遊		以旅遊攻略和遊記為主；強項是行程規畫，可統計花費、整理旅行清單、匯出PDF版本行程
訂票	去哪兒旅行		可使用境外信用卡支付，需付3%的服務費
	飛豬旅行		必須綁定支付寶才能下單
	攜程		在網上以信用卡支付或支付寶支付
訂房	貓途鷹(Trip Advisor)		酒店查詢和選擇必備，用戶評價中肯，值得參考
	繽客(Booking)		規定時間前退訂住宿，可免費取消
	安可達(Agoda)		東南亞酒店是營業強項，首頁所列的價格不含服務費、稅費
	愛彼迎(Airbnb)		當地民宿首選，若想最直接地體驗當地風土人情、融入本地生活，可選擇與房東合住、單獨一個房間或租一整棟房子
美食團購	大眾點評		以GPS定位自動搜尋附近商店、酒店、餐廳美食和團購訊息，提供商家電話、地址、地圖、每人平均消費和消費者點評
	美團		有美食資訊，還可以將機票、酒店、景區門票、電影票等資訊一網打盡
	百度糯米		

種類	App		說明
美食團購	餓了嗎		以外賣、外送為主
天氣預報	墨蹟天氣		通常比手機本身的天氣預報來得準確,且網速慢的時候依然可以正常運行,隨時隨地掌握旅遊目的地的天氣狀況
購物	支付寶		必須以臺胞證、大陸手機號碼、大陸銀行卡辦理個人實名認證,通過審核後方可使用
	微信支付		在臺灣下載的「We Chat」APP沒有錢包功能。建議到大陸下載本地的微信版本,登錄後便有錢包功能,也可以綁定大陸的銀行卡
叫車	滴滴出行		均可以微信支付、支付寶支付、一網通銀行卡、國際信用卡綁定支付等方式付費
	Uber優步中國		
	神州專車		以專業車輛、專業司機為號召,行車安全較有保障,但收費也相對較高
無線上網	WiFi萬能鑰匙		針對免費的公共Wi-Fi加密熱點,例如:機場、速食店、餐廳等地的無線網路,可使用Wi-Fi的APP來登入
	騰訊WiFi管家		
	360免費WiFi		

67

在地觀察

申辦移動支付

移動支付在大陸已成常態,不帶錢包出門也可以用手機搞定交通、餐廳、電影、購物……前提是必須先持臺胞證在大陸銀行辦理開戶,取得大陸的銀行卡;第二,必須綁定本人實名申辦的大陸手機門號。支援以臺胞證申辦微信支付和支付寶支付的銀行各不相同,可先上網查詢。

行家小提醒

代理訂機票究竟好不好

在大陸境內旅遊,可以先參考這些較廣泛使用的訂票APP。查詢到日期和價格都合適的機票後,再登入各大航空公司官網比對。如果價格差異不大,甚至票價相同,建議使用官網購票,降低不必要的風險。

此外,近來曝光部分知名訂票網站(APP)訂票時會「捆綁消費」,例如額外的航空延誤險、酒店優惠券、接機優惠券、貴賓室使用券、優先出票等名目繁多的收費,消費者未經核對就直接付款了,反倒毫無優惠可言。所以在網上或以APP訂票提交訂單前一定要仔細核對細目,確定正確無誤後再付款。

機票與航空公司

何時訂機票

並不是越早訂票越便宜，以大陸國內機票來說，提前半個月就可以找到折扣票；越臨近出發時間，價格可能越高。有些航空公司會在1週前，根據客座率推出一定數量的特價票，這類的優惠比較適合「說走就走」的人群，並不適合提早安排、規畫好行程的人。此外需注意，大陸主要城市直飛麗江的航班有限，多數得從昆明轉機；若想預訂昆明到麗江的機票，一般是出發前2週預訂比較合適。

若想節約機票支出，把握「淡季出行」、「中轉比直飛便宜」和「紅眼航班」3個原則，可省下不少錢。但是，特價機票的退票改期限制多，必須事先了解。

如何訂票

當然，打個電話請旅行社訂票最簡單方便；不過自行上網訂票，也是動動手指頭的事。訂票時可選擇垂直比價的搜尋網站，一般來說，

大陸的國內航班，淡旺季機票價錢差異大，要上網多比較

「去哪兒旅行」網站會顯示各個代理商和航空公司官網的價格，一目了然。好處是各大代理商把機票放在同一平臺銷售，競爭激烈，有可能隨時變動價格吸引消費者；不過，也要注意機票代理商的資質良莠不齊，在「去哪兒旅行」搜尋後須再比較航空公司官網，如果價格差不多，從官網訂票會比較有保障。

保險

如果是刷信用卡購買機票，通常會提供旅行意外險和旅行不便險(航班延誤、行李延誤或遺失)。購票前可事先了解用自己的信用卡買機票，會提供哪些保險項目。如果使用大陸的訂票網站或APP購買大陸其他城市機票，航空意外險、延誤險都要自行購買；有些特價票會強制綁定航意險，付款前要注意細目。

行家小提醒

旅行險與旅行責任險

除了自身醫療保險、意外險，有需要的話，還可以額外加保「旅行險」。旅行險對要保者的年齡(例如：老人和小孩)、旅行地區、旅行時間長短和是否參加高風險的戶外運動有不同規定。另有「旅行責任險」是在國外旅行途中，因為自己的原因造成第三者人身或財產損失進行的補償保險，均可視個人需要加保。

從臺灣到雲南的直飛航班

大陸旅遊少不了以飛機連接內陸交通，購票時注意是否包括航空意外險

從臺灣直飛雲南的航班分別從臺灣桃園國際機場、高雄國際機場出發，目的地是雲南的省會昆明，和旅遊人氣城市麗江。至於原有的臺中飛昆明、花蓮直飛昆明的航線，現已因故取消。據媒體報導，臺灣

旅途中如有租車，事先要確認是否有保險(照片提供／鄭林鐘)

虎航即將加入臺北⟷昆明的直飛航線，預計票價會比傳統航空公司低30%。

乘船、搭纜車、騎馬……使用交通工具前，需考量人身安全和保險

從臺灣到雲南的直飛航班

起訖城市	時間	航空公司	官網
臺北桃園⟷昆明 (TPE⟷KMG)	週一、三、五	四川航空	www.scal.com.cn
	週二、四、六	中國東方航空	www.c3q.com.cn
高雄⟷昆明 (KHH⟷KMG)	週二、日	立榮航空	www.uniair.com.tw
臺北桃園⟷麗江 (TPE⟷LJG)	週一、五 (夏、秋航季另行調整)	中國東方航空	www.c3q.com.cn

※資訊時有異動，請以官方公布的最新資料為準

目前從臺灣直飛雲南的航班，只能降落昆明和麗江，因此本章僅介紹這兩個城市的機場。關於大理機場詳細資訊，請參見「大理篇：聯外交通」P.152。

雲南境內交通

從臺灣到雲南當然只有飛行一途；此處可以視個人的時間和預算選擇直飛，或在香港或大陸其他城市轉機。抵達雲南後，城市之間的交通連接可選擇飛機、火車或巴士。

飛機

如果假期有限，或不習慣長途乘車，或容易暈車，選擇搭乘飛機較有效率；若非旺季，7～10天前上網訂票，通常可找到折扣機票。

火車

許多大陸遊客喜歡搭火車往來昆明、大理、麗江之間，除了票價比機票便宜外(昆明到麗江單程機票1,270元，火車硬座89元)；同時，往返城市的車多為臥鋪車，睡一覺後第2天一早就到達目的地，可省下一晚的住宿。所以，火車不失為經濟、安全的出行方式，惟需早點訂票，考慮舒適度的話則可選擇軟臥或家庭房。不過，搭乘火車的人數眾多，須提早到火車站排隊安檢，沿途也要注意隨身財物安全。

大陸火車分軟臥、硬臥、硬座和無座站票

昆明南火車站(昆明南站、昆明高鐵站)

✉ 昆明市呈貢區吳家營街道

☎ 871 6619 5104、12306

🕐 07:00～23:00

➡ **1.地鐵**：搭乘地鐵1號線支線到昆明南火車站(營運時間06:20～22:20)

　2.動車：每天有4班車從昆明火車站到昆明南站，8～25元／人，車程22分鐘

　3.高鐵巴士：從昆明長水機場(919K線)、昆明火車站(920路)、東部汽車客運站(927路)、西部客運站(929路)、北部汽車客運站(931路)、南部客運站(928路)均有高鐵巴士可達昆明南站，票價5～10元／人，需自備零錢，車程40～100分鐘不等

▌巴士

　　雲南境內公路四通八達，如果目的地目前未設機場，可考慮搭巴士。不過雲南地形變化大，高速公路曲折，長途巴士動輒數小時，空間不甚舒適，非必要不建議採巴士出行。容易暈車的朋友最好事先準備暈車藥。

從昆明長水機場到市區

　　從臺灣直飛雲南的第一站多半是昆明長水國際機場。長水機場位於昆明市東北，距市區24.5公里，2012年正式營運。長水機場是大陸東南門戶最重要的出口，現有國內航線230條，國際航線60條，2016年旅客輸送量突破

昆明長水機場現有60條國際航線

4,000萬人次，在北京首都機場、上海浦東機場、廣州白雲機場之後，正與成都雙流機場競爭大陸第四大機場。長水機場也是「亞洲5小時航空圈」的中心——5小時航程可覆蓋整個東南亞、南亞、東亞主要城市。

昆明長水國際機場(KMG)

✉ 昆明市官渡區長水村

📞 客服：400 9622 287，航班查詢：871 96566，行李寄存：871 6709 3631

🔗 www.ynairport.com

ℹ 航班乘機手續停辦時間為起飛前45分鐘，登機口關閉時間為起飛前15分鐘

起站	迄站	搭乘公車
長水機場	昆明火車站	機場公車919路C線
	昆明南站	機場公車919路K線
	西北部客運站	機場公車919路A1線
	西部客運站	機場公車919路B1線
	南部客運站	機場公車919路D線
	東部客運站	機場公車919路H線

✉ 長水國際機場航站B1層1號門

📞 06:00～21:00

💲 13元／人

ℹ 車程約90分鐘

▎計程車

　　機場出境大廳出口有計程車排班處。過去，昆明計程車姿態很高，搭到計程車的機率極低，且車況和服務品質參差不齊，後車廂僅能放得下一個大行李箱(因裝有天然氣儲存罐)，十分不便。網約車出現後，計程車司機服務態度稍有改善。

📞 昆明計程車投訴專線：871 96108

💲 起步價8元，基價里程3公里，之後每公里1.8元，另有汽車燃油附加費1.5元；夜間22:00～次日06:00，加收20%的夜間收費；單程行駛里程超過10公里(含10公里)加收50%的返空費。允許免費等候5分鐘，超過時間，每5分鐘加收1公里租價費用。從市中心到機場費用80元起(另有機場高速過路費10元)。

▎地鐵

　　到達長水機場後可至地下3樓「機場中心站」乘地鐵6號線前往市區，在6號線終站「東部汽車站」轉3號線到市中心「東風廣場站」，視目的地再轉乘地鐵1號線或2號線。

昆明長水機場為中國西南門戶樞紐機場

▎公車

　　欲從長水機場前往其他交通運輸站，可搭乘下列公車：

✉ 長水機場B3機場中心站

☎ 871 96596

🕒 06:20～22:20

💲 5元起

🌐 昆明軌道交通www.kmgdgs.com

▌網約車(網路預約汽車)

手機下載大陸常用的打車APP，如滴滴出行、Uber優步中國、神州專車等APP軟體。支付車費的方式有微信支付、支付寶免密支付、一網通銀行卡免密支付、信用卡支付等方式。

▌空港快線(機場大巴)

從長水機場到昆明市區路線最廣、班次頻繁的交通工具就是機場大巴，市區共有8條路線，可謂全城覆蓋。

✉ 至長水機場抵達層(Arrival)3號、4號出口，空港快線售票處購票

☎ 871 6708 8999

💲 25元／人

抵達長水機場後，搭乘機場大巴進入市區十分方便

空港快線路線時刻表

路線	起迄站	發車時間
空港 1 號線	小西門南疆賓館→雄業大酒店→新迎小區紫騰酒店→長水機場	首班車 05:00，末班車 23:00（約 20 ～ 30 分鐘 1 班）
	長水機場→新迎小區紫騰酒店→雄業大酒店→小西門南疆賓館	首班車 07:00，末班車 02:00（約 20 ～ 30 分鐘 1 班）
空港 2 號A 線	巫家壩→中玉酒店→長水機場	首班車 05:00，末班車 23:00（約 30 分鐘 一 班；21:00、22:00、23:00 為60 分鐘 1 班）
	長水機場→中玉酒店→巫家壩	首班車 08:30，末班車 22:00（約 30 分鐘 1 班）
空港 2 號B 線	錦江大酒店→南窯大酒店→佳路達酒店→新迎社區紫騰酒店→長水機場	首班車 05:00，末班車 23:00（約 20 分鐘 1 班）
	長水機場→新迎社區紫騰酒店→泰麗酒店→錦江大酒店	首班車 08:00，末班車 03:00（約 20 分鐘 1 班）
空港 3 號線	北部客運站→晟世仟和酒店→北市區霖雨路→北辰財富中心→世博花園酒店→東部客運站→長水機場	首班車 09:30，末班車 17:00（約 30 分鐘 1 班）
	長水機場→東部客運站→世博園花園酒店→北辰財富中心→北市區霖雨路→晟世仟和酒店→北部客運站	首班車 08:00，末班車 24:00（約 30 分鐘 1 班）
空港 4 號線	呈貢豪生大酒店→南部客運站→長水機場	首班車 07:30，末班車 17:30（約 30 分鐘 1 班）
	長水機場→世紀金源酒店→南部客運站→呈貢豪生大酒店	首班車 09:00，末班車 22:00（約 30 分鐘 1 班）

空港 5 號線 A 線	滇池大酒店→滇池國家旅遊度假區→大商匯(金南亞商務酒店)→長水機場	每天 2 班：07:30、08:30
	長水機場→中林建材→大商匯(金南亞商務酒店)→滇池國家旅遊度假區→滇池大酒店→長水機場	每天 4 班：09:30、10:30、17:00、17:30
空港 5 號線 B 線	西部客運站→長水機場	首班車 07:00，末班車 16:30 (約 30 分鐘 1 班)
	長水機場→航空社區→大商匯→西部客運站	首班車 09:00，末班車 19:00 (約 30 分鐘 1 班)
空港 6 號線	昆明火車站→昆明飯店→長水機場	首班車 05:00，末班車 21:30 (約 20～30 分鐘 1 班)
	長水機場→昆明飯店→南窯大酒店→昆明火車站	首班車 07:00，末班車 22:00 (約 20～30 分鐘 1 班)
東部客運站 專線	東部客運站→長水機場	發車時間：07:00、07:40、08:20、09:00、09:40、10:20、11:00、11:40、12:20、13:00、13:40、14:20、15:00、15:40、16:20、17:00、17:40、18:20、19:00
	長水機場→東部客運站	發車時間：07:00、07:30、08:00、08:40、09:20、10:00、10:40、11:20、12:00、12:40、13:20、14:00、14:40、15:20、16:00、16:40、17:20、18:00、18:40、19:00

＊以上資料時有異動，請以官方公布的最新資訊為準

空港快線的長途專線

為方便旅客往來雲南各州市，長水機場空港快線陸續開通長途專線，現有路線包括：

路線	起站	迄站	班次	價錢	
安寧線	長水機場	安寧客運站	每天 24 班	40 元／人	
石林線		石林城區客運站 (經石林景區客運站)	每天 16 班	45 元／人	
楚雄專線		楚雄客運站	每天 16 班	92 元／人	
大理專線		大理古城	每天 8 班	236 元／人	

✉ 長水機場航站樓 B1(抵達層)4 號出口處長途班線候車室

可在抵達層4號門搭乘長途專線，前往附近各州，減少轉車的舟車勞頓

從麗江三義機場到市區

1995年通航的麗江三義機場距離古城28公里，海拔2,240公尺，是大陸少數的高海拔機場，現為僅次於昆明長水機場，雲南的第二大航空港。

麗江三義國際機場(LJG)

✉ 麗江市古城區七河鄉麗大路

📞 888 517 3081

🕐 05:30～航班結束

🌐 www.lijiang-airport.com

ℹ 市區距機場約28公里，車程40分鐘

位於古城東南約28公里的麗江機場，是雲南第二大機場

▌計程車

如果事先預訂住宿，酒店和客棧多有機場接送服務(要事先確認是否需付費)；若自行到古城，乘坐計程車約80～120元，通常不跳表，可殺價；不建議搭攬客的黑車，司機可能會介紹有回扣的客棧、餐廳、購物。

▌民航大巴

終點為市區藍天賓館(古城區福慧路327號，距離古城約1.2公里)。全程30公里，車程約50分鐘。

✉ 在機場2號出口搭車

📞 機場：888 517 3081，藍天賓館：888 516 8587

🕐 根據航班到站時間循環發車(市區到機場為06:30～21:30，每30分鐘1班車)

💲 20元／人，上車買票

民航大巴可以直接到新城，需再透過公車或計程車接駁才能到古城

在地觀察

機場裡的更衣室

雲南的高海拔機場都設有「更衣室」，常常讓過往遊客摸不著頭緒。因為海拔高、溫差大，很多從沿海來的觀光客都是背心、短褲、涼鞋出行，等落地後才發現與出發地的氣溫相差10度以上，這時可利用更衣室來「變裝」。建議來雲南旅遊前，先了解天氣預報，事先把長袖衣褲和外套放入隨身行李備用。

行程規畫

❶❸一年有3,000萬觀光客湧入麗江古城(照片提供／鄭林鐘)❷雲南咖啡產量全國第一，旅途中不忘來杯小粒咖啡(照片提供／林健良：咖啡沙龍)❹微信朋友圈裡的一張花海照片，就會吸引絡繹不絕的遊客(照片提供／鄭林鐘)❺昆明賞鷗得挑準時機

1

Step1

確定假期時間、天數、預算 → 確定目的地

對於一般上班族來説，假期的長短和預算，決定一趟旅行可以走得多遠。舉個例子，如果在2月中旬有8天的假期，預算是4萬台幣，可以怎麼規畫一趟旅行？在時間和預算的考慮下，比較可行的是東南亞、東北亞和中國大陸，此時，可以思考哪些國家和地區已經去過？哪些地方在當下會有特殊的活動或節慶？

此處目的地以雲南為例，開始搜集資料，需考量的問題包括：

★位　　置：雲南和臺灣的相對位置，具體位於大陸哪裡？
★如何前往：如何從臺灣前往雲南？
★簽　　證：如何申辦臺灣到大陸旅遊的簽證？要花多久時間？
★景　　點：有哪些必去的城市和景點？應安排多久的時間？在當地利用什麼交通工
　　　　　具最方便？

Step2

擬定行程

確定旅遊時間、目的地、各城市間主要交通方式、各地住宿，並擬出雲南各城市有哪些好玩的地方，從中過濾出想去的城市、景點。

Step3

預訂交通、住宿，計算預算

一般來説，若想要比較有計畫的旅行，建議要先做以下安排。不過，前往大陸旅遊，只要不是旺季，機票、住宿、交通等安排都有彈性；以雲南本地的餐廳和演出為例，到了目的地再預訂都不遲。

★出發前1～6個月：預訂機票
★出發前1～3個月：申辦臺胞證(檢查護照是否有6個月以上的效期)
★出發前7～14天：預訂住宿
★出發前1～3天：預訂熱門餐廳、演出門票

Step4

修改與確認行程

按照以下步驟確認行程，若有異動的部分，盡可能提早修改。

★確認如何從機場到達市區，了解市區交通
★熟悉住宿的詳細資訊，包括如何從機場或火車站到達住宿的地方
★確認當地景點與餐廳的開放時間、訂位與門票購買方式
★確認景點間的交通連接方式
★了解當地有那些必買的特色紀念品

Step5

準備與出行

按照以下步驟做好行前準備，快樂出行！

★申請簽證、換匯、準備信用卡與可在海外提款的金融卡
★影印重要證件、收據，攜帶出國
★開通國際漫遊、下載免費APP和離線地圖
★購買當地電話卡或隨身Wi-Fi
★打包行李
★申辦個人旅遊保險(可經信用卡刷卡購票取得保險；或上網申辦；或在機場購買保險)

行李清單

隨身行李

1. 護照簽證(影本、照片)
2. 手機(需開通國際漫遊和手機移動支付功能)
3. 現金、零錢、信用卡
4. 行動電源、多孔USB插座
5. 平板電腦(視個人需要)
6. 相機、鏡頭、讀卡機
7. 耳機
8. 輕薄禦寒衣物
9. 口罩、眼罩、耳塞
10. 環保餐具、保溫水瓶

託運行李

1. 個人衣物、鞋
2. 盥洗用品
3. 常備藥品(頭痛藥、腸胃藥、暈車藥、OK繃)
4. 電源線、插座轉換器
5. 零食、巧克力、老薑紅糖
6. 保暖用品(保暖外套、羽絨服、衝鋒衣褲、暖暖包)
7. 防曬用品(太陽眼鏡、遮陽帽、陽傘、防曬乳、蘆薈膠、保濕面膜、護唇膏、乳液)

❶想一睹元陽梯田風光，選對時節和事先安排當地交通十分重要 ❷觀賞《雲南映象》可在極短時間內感受雲南少數民族獨有的魅力 ❸建議登高感受麗江古城不同風貌(照片提供／鄭林鐘) ❹昔日在雲南歷史，今日在雲南旅遊，滇馬都扮演重要角色

昆大麗
旅行計畫

　　本書以雲南發展最成熟、人氣最旺的昆明、大理、麗江三地來規畫行程。讀者可視假期長短和季節，把瀘沽湖、香格里拉(5～10月)、梅里雪山(5～10月)加入行程；或依個人興趣，把賞花、打高爾夫球、攝影、茶馬古道、美食等主題融入行程。

　　目前從桃園、高雄均可直飛昆明，還有桃園直飛麗江等不同選擇，因此行程規畫也依進出雲南的不同路徑做不同規畫，共有4種路徑：昆明進昆明出、麗江進麗江出、昆明進麗江出、麗江進昆明出。不過，後兩者僅適用於東方航空，因為只有東艙同時有臺灣飛昆明和飛麗江兩條航線，可開聯程機票。

照片提供／昆明溫泉高爾夫球會

行家小提醒

先去麗江再去大理

　　一般旅遊路線規畫多以昆明→麗江→大理→昆明為主，而非昆明→大理→麗江→昆明。主要是因為麗江處於大理、瀘沽湖、香格里拉的中心位置，從麗江前往周邊城市多為3～5小時車程；加上麗江海拔2,500公尺，從麗江連接海拔2,600公尺的瀘沽湖、海拔3,300公尺的香格里拉或海拔2,000公尺的大理，身體狀況較能適應。

昆大麗 7天經典行程

昆明進昆明出

DAY1 臺灣到昆明
DAY2 石林(或九鄉)1日遊(當晚乘火車
臥鋪車,或次日搭早班飛機前往
麗江)
DAY3 遊麗江古城、束河古鎮
DAY4 玉龍雪山1日遊
DAY5 大理2日遊:遊覽蒼山+夜遊大
理古城
DAY6 大理2日遊:環遊洱海(當晚乘火
車返昆明)
DAY7 返家

麗江進麗江出

(因時間有限,只能鎖定滇西北代表景
點,此處放棄昆明)
DAY1 臺灣到麗江:麗江古城半日遊
DAY2 束河古鎮+拉市海
DAY3 玉龍雪山1日遊
DAY4 劍川石寶山+沙溪古鎮
DAY5 大理2日遊:遊覽蒼山+夜遊大
理古城
DAY6 大理2日遊:環遊洱海(當晚乘火
車或巴士返麗江)
DAY7 返家

大理、麗江沿線
還可見昔日茶馬
古道的村鎮

背倚蒼山的大理夜景，燈火燦爛

昆明進麗江出

DAY1 臺灣到昆明
DAY2
　方案1　昆明市區1日遊：翠湖＋西山景區(或雲南民族村)＋斗南花市
　方案2　石林(或九鄉)1日遊
　　　　(當晚搭乘火車臥鋪車從昆明前往大理，或次日一早搭飛機到大理)
DAY3 蒼山半日遊＋大理古城
DAY4 洱海1日遊(當晚乘火車或巴士返麗江)
DAY5 麗江古城＋拉市海
DAY6 玉龍雪山1日遊＋束河古鎮
DAY7 返家

麗江進昆明出

DAY1 臺灣到麗江
DAY2 麗江古城＋束河古鎮(或拉市海)
DAY3 玉龍雪山1日遊(當晚或次日一早乘火車或巴士到大理)
DAY4 大理2日遊：蒼山＋大理古城
DAY5 大理2日遊：洱海1日遊(當晚乘火車或巴士前往昆明)
DAY6
　方案1　昆明市區1日遊：翠湖周邊＋西山景區(或雲南民族村)＋斗南花市＋《雲南映象》演出
　方案2　石林(或九鄉)1日遊＋《雲南映象》演出
DAY7 返家

體驗少數民族歌舞是雲南旅遊一大吸引力(照片提供／鄭林鐘)

昆大麗 10天 漫遊行程

昆明進昆明出

雲南十八怪，四季鮮花開不敗(照片提供／趙林琳)

泡吧、聽歌、喝酒、狂歡的夜生活(照片提供／鄭林鐘)

麗江進麗江出

昆明進麗江出

麗江進昆明出

以玉龍雪山為背景，觀賞世界上海拔最高的實景演出

昆大麗

14天 深度行程

昆明進昆明出

麗江古城地標大水車中外馳名

高原、湖泊、野花構成了一幅自然天成的畫作(照片提供／鄭林鐘)

麗江進麗江出

在大城市中逐漸消失的瓦貓，還可以在大理、麗江房頂上巧遇(照片提供／鄭林鐘)

昆明進麗江出

外國遊客必參觀的白沙壁畫，具有極高的藝術文化價值

每個城市都蘊含少數民族民居建築的特色(照片提供／鄭林鐘)

經氣流影響，地下鐘乳石形成傾斜且不規則的「風吹石彎」奇特景觀（照片提供／九鄉旅遊區）

九鄉驚魂峽長約700公尺，是目前中國發現最壯觀的地下峽谷（照片提供／九鄉旅遊區）

麗江進昆明出

DAY1 臺灣到麗江

DAY2 麗江古城

DAY3
　方案1 拉市海茶馬古道騎行＋束河古鎮
　方案2 瀘沽湖2日遊

DAY4
　方案1 玉龍雪山1日遊
　方案2 瀘沽湖2日遊

DAY5
　方案1 香格里拉或瀘沽湖2日遊
　方案2 玉龍雪山1日遊

DAY6
　方案1 香格里拉或瀘沽湖2日遊
　方案2 香格里拉2日遊

DAY7
　方案1 劍川石寶山＋沙溪古鎮1日遊
　方案2 香格里拉2日遊

DAY8 大理古城＋蒼山

DAY9 環遊洱海

DAY10
　方案1 環遊洱海2日遊
　方案2 雞足山＋崇聖寺

DAY11 昆明市區半日遊：金馬碧雞坊＋
　　　　 文化巷＋《雲南映象》演出

DAY12 昆明市區1日遊：翠湖＋西山景區
　　　　 （或雲南民族村）＋斗南花市

DAY13 石林（或九鄉）1日遊

DAY14 返家

昆明

四季如春，氣候條件完勝各城

論文化底蘊，它不如北京、西安；論經濟繁榮，它遠不及上海、深圳；論美食享樂，自不是成都、廣州的對手；論外貌顏值，又趕不上杭州、桂林……然而，昆明卻以其得天獨厚的條件，遙遙領先中國其他城市——那就是，春城的晴好天氣。

昆明速寫

面　　　　積：21,000平方公里
常　住　人　口：672萬
平　均　海　拔：1,900公尺
氣　　　　候：亞熱帶高原季風氣候
年　　均　　溫：16℃
年 觀 光 客 人 數：1億113萬人(國內遊客占89%)
年 旅 遊 收 入：1,073億人民幣
昆明旅遊投訴電話：871 6316 4961、871 96927

照片提供／程強

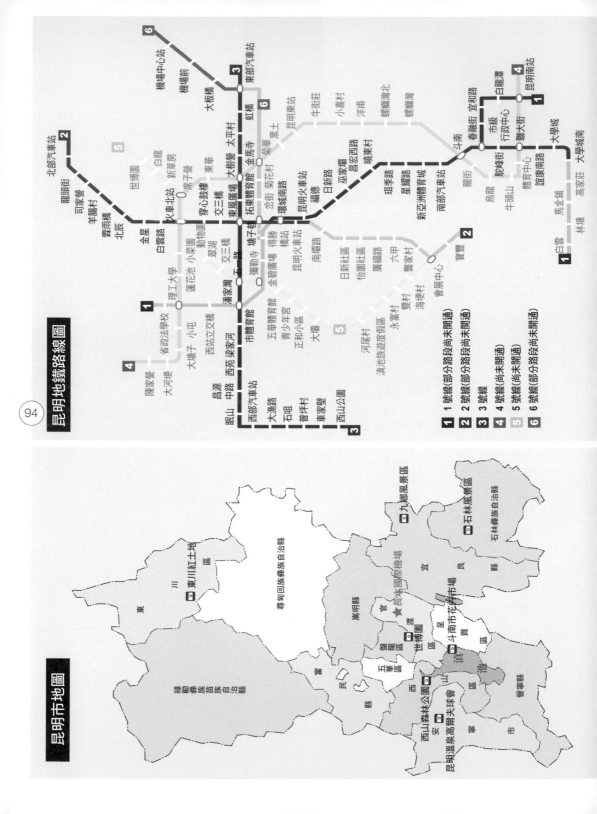

昆明地鐵路線圖

昆明市地圖

1 1號線(部分路段尚未開通)
2 2號線(部分路段尚未開通)
3 3號線
4 4號線(尚未開通)
5 5號線(尚未開通)
6 6號線(部分路段尚未開通)

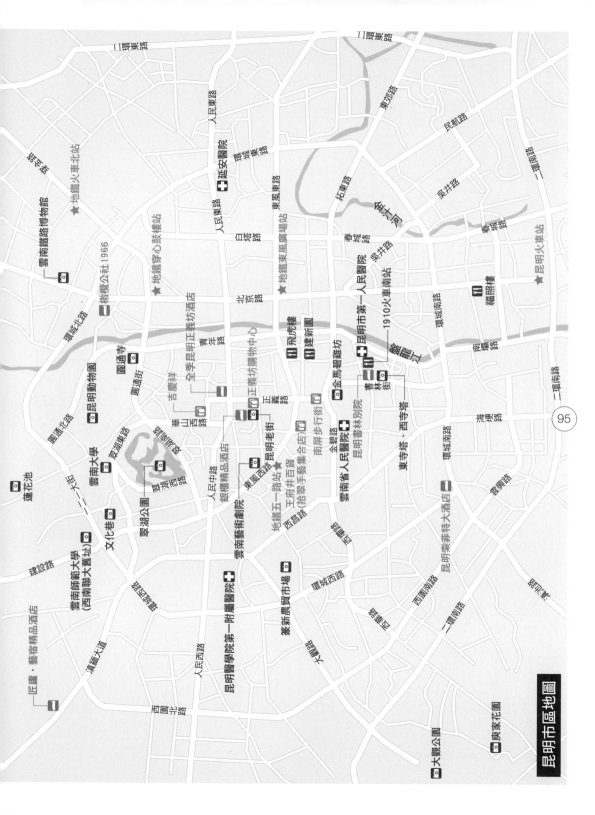

昆明市區地圖

95

中國第一避暑勝地

　　2016年中國科學院發布《中國宜居城市研究報告》，對中國40個城市進行評比，昆明僅次於青島，成為中國宜居城市第2名。原因無他：「冬無嚴寒、夏無酷暑」的好天氣，讓昆明完勝其他城市。

　　「春城」並非浪得虛名。地處低緯度高原的昆明三面環山，一面傍水，平均海拔1,900公尺，受到印度洋和季風的影響，加上滇池的調節，年均溫16℃。春季溫暖，溫差變化大；夏無酷暑，雨量集中；秋天溫涼，秋高氣爽；冬無嚴寒，日照充足。盛夏時分，中央氣象臺發布高溫預警，大陸多地破表40℃，昆明7月平均溫才20.8℃。夏天完全不用開空調的日子，簡直就是上天恩賜。

　　有別於臺灣連綿不斷的梅雨，入夏後，「昆明的雨季是明亮的、豐滿的、使人動情的。城

❶滇池邊的紅嘴鷗為昆明的晴好冬季代言 ❷官渡古鎮旁新建的雲南大劇院 ❸種花、買花、賣花、吃花……都是日常生活一部分

春草木深，孟夏草木長，昆明的雨季是濃綠的，草木的枝葉裡的水分都到了飽和狀態，顯示出過分的、近於誇張的旺盛。」大陸作家汪曾祺曾這樣形容昆明的雨。「溫度適宜、濕度適中、紫外線輻射低、空氣清潔、水質優良、海拔適宜、夏季低耗能」，上述條件讓昆明榮膺「全球避暑百佳榜第2名(僅次於聖彼德堡)」和「中國避暑名城第1名」。

生活步調悠哉，四季皆可賞花

昆明的城市步調快中有慢：快的是城市建設發展，從清滇池、建地鐵、蓋機場、通高鐵……年年有變化。不過，和大陸一線、二線城市相較，這裡的生活節奏相對緩慢，鮮少感受所謂的小資情調，更多的是市井煙火。

明代楊慎所寫《滇海曲》中提及：「天氣常如二三月，花枝不斷四時春」，是昆明人琅琅上口的詩句。在四季鮮花不斷的春城，生活與「花」的關係十分密切，春天賞圓通山的櫻花、夏天賞翠湖的荷花、秋天賞雲南大學裡的銀杏黃葉、冬天賞黑龍潭公園的梅花……都是昆明人最具儀式感的休閒活動。

節奏慢、壓力小，主要來自物價相對較低，包括蔬菜水果、生活用品，乃至於房價，都不至於壓得人喘不過氣來；昆明人愛吃，餐飲選擇多元，無論是正統的滇菜、川菜、粵菜、山珍海味或異國料理，這裡都吃得到，價格也實惠，較少見大理、麗江「宰客」的高價，對遊客來說絕對利多。

❶斗南花市附近有大量的大棚花卉種植 ❷市中心的忠愛坊是紀念元代首位「省長」賽典赤‧瞻思丁，他曾大力建設昆明 ❸昆明市容新舊並陳，公園1903裡的凱旋門也是亮點

文化放大鏡

從邊陲城市變身中國百強

昆明位處雲貴高原，過去一直是邊陲中的邊陲。宋代時是大理國的東都，地位僅次於大理(從大理國到南詔國，昔日雲南的政治中心都在大理)，直到1276年，元朝設雲南行中書省，昆明才以省城之姿納入帝國版圖。數百年後，在「2016中國百強城市排行榜」中，昆明排名第32名，是雲南唯一進入百強的城市。

絕佳地理位置
每年吸引1億遊客造訪

就旅遊城市言，昆明魅力不如大理、麗江，但何以每年還是有超過1億遊客造訪春城？絕佳的地理位置是關鍵。

以雲南省省內為例，從昆明到世界自然遺產石林只有70公里；昆明到大理車程4小時；更不用說從昆明起飛，50分鐘即可親炙麗江古城和玉龍雪山。昆明更是中國西南重要的交通樞紐：連接貴陽、桂林、西安、成都、拉薩……坐上飛機前往，不過是彈指之間的事。

或者，可以晃晃悠悠跳上火車，6個小時就能從昆明到中越邊境口岸河口，到對岸的越南老街嘗一碗道地的河粉；或者，開車穿越1,800公里的昆曼高速公路經過老撾(寮國)、泰國到曼谷血拼。從飛行距離來說，昆明被定位為「亞洲5小時航空圈中心」，新加坡、吉隆坡、加德滿都、可倫坡、加爾各答……都有直飛航班。

這樣優越的地理位置造就了昆明在旅遊市場上不可替代的優勢。不過，無論怎麼變，春城的陽光、溫度和氣味，還是馬可波羅、徐霞客、沈從文、朱自清、林徽因……這些曾經路過昆明、暫居昆明的人們，記憶裡共同的城市印象。

❶身處現代化城市，昆明的少數民族風情只能在景點看到 ❷講武堂是昆明地標之一，也是近代史重要的一頁 ❸藍天白雲下的昆明，長踞大陸宜居城市

在地觀察

走遍萬水千山，還是昆明好

「每回有外地的朋友來昆明，我總喜歡帶他們去翠湖邊上的餐廳，吃飯、聊天、曬太陽，用最直觀的方式感受雲南這方水土的不同。」昆明電視臺主持人阮潔坦言，這些年昆明變化很大，然而生活態度還是那樣的「老昆明」——閒散從容、小富即安。

在阮潔眼中，昆明是個包容性很強的城市，從1,200多年前建城以來，昆明一直是各民族和諧並存的城市。有漢族和少數民族並構的老昆明人，有昔日因罪流放，或今日因工作、因退休到此的新舊移民。

生於昆明、長於昆明的阮潔，年輕時也曾懷著到一線城市的夢想，一心想離開這座小城，渴望外面的世界。如今因為工作，她遊走國內外不同城市，阮潔說，她和其他昆明人一樣，都是無可救藥的「家鄉寶」，走遍萬水千山，還是昆明好。

城市交通

市區交通

　　歸納昆明交通的特色：修地鐵、堵車、停車難。昆明車多，600多萬人的城市卻有225萬輛汽車、摩托車，上下班尖峰時刻，塞車自然家常便飯；加上這裡的司機變道不打方向燈，強行插隊並排、汽車亂停亂放……交通亂象百出。此外，本地有250萬輛電動摩托車，搶道、超載、逆行，儼然馬路殺手。行走城市之間，務必眼觀六路、耳聽八方。

地鐵

　　昆明地鐵自2014年通車至今，已成為最方便、快捷的大眾交通工具，若在昆明市區穿梭行走，可以盡量選擇地鐵。不過下了地鐵需轉

乘公車、或步行、或使用共享單車到達目的地。目前運行的地鐵線路為1號線(含支線)、2號線、3號線和6號線1期。若在昆明停留時間較長，使用大眾運輸系統頻繁，可在地鐵站辦理智慧通卡，持卡搭公車、地鐵享95折優惠(押金20元，隨時可退，儲值金額不限)。

📞 871 96596

🌐 昆明軌道交通公司www.kmgdgs.com

地鐵1號線

起訖站	大學城南站←→環城南路
營運時間	環城南路06:46～22:27，大學城南06:20～22:00
票　　價	2～7元
到達景點	直達或轉乘其他交通工具：斗南站(斗南花市)、南部汽車站(雲南最大的批發市場螺螄灣商貿城)、珥季路站(雲南省博物館、官渡古鎮)、福德站(國際會展中心)

地鐵1號線支線

起訖站	春融街←→昆明南火車站
營運時間	春融街06:28～23:21，昆明南火車站06:20～22:20
票　　價	2～7元
到達景點	昆明南火車站(高鐵站)

地鐵2號線

起 訖 站　環城南路⟷北部汽車站

營運時間　環城南路07:05～22:45，北部汽車
　　　　　站06:20～22:00

票 　 價　2～7元

到達景點　直達或轉乘其他交通工具：東風廣
　　　　　場(金馬碧雞坊、東西寺塔、昆明
　　　　　老街、南屏步行街)、穿心鼓樓(圓
　　　　　通寺、翠湖、昆明動物園)、火車
　　　　　北站(雲南鐵路博物館)、金星站(雄
　　　　　達茶城)、北部汽車站(雲南野生動
　　　　　物園)

地鐵3號線

起 訖 站　西山公園站⟷東部汽車站

營運時間　西山公園站06:20～22:20，東部汽
　　　　　車站06:20～22:45

票 　 價　2～5元

到達景點　直達或轉乘其他交通工具：西山
　　　　　公園站(海埂公園、滇池、雲南民
　　　　　族村)、石頭咀站(米軌火車)、梁家
　　　　　河站(大觀樓)、潘家灣站(翠湖)、
　　　　　五一路站(雲南美術館、順城購物
　　　　　中心)、東風廣場(金馬碧雞坊、東
　　　　　西寺塔、昆明老街、南屏步行街)

地鐵6號線1期

起 訖 站　東部汽車站⟷昆明長水機場

營運時間　東部汽車站07:00～19:05，昆明長
　　　　　水機場07:00～
　　　　　19:05

票 　 價　5元

往來城區，地鐵是最方便快捷的
交通公具

到達景點　6號線規劃由塘子巷到長水機場，
　　　　　但目前僅通行東部汽車站到機場中
　　　　　心。東部汽車站即東部客運站，機
　　　　　場中心站即長水機場航站地下樓

昆明是雲南唯一有地鐵的城市

昆明地鐵現已運行的是1、2、3和6號線

公車

　　昆明公車路線四通八達，5個城區有300多條
公車路線，幾乎每個主要景點都有公車直達。加
上昆明市區部分路段設有公車專用道，有時候
搭公車比搭計程車還快捷。昆明公車是前門上
車、後門下車，上車投錢。公車站和車廂是小偷
的天堂，一定要謹慎保管個人手機和財物。

💲1元／人，空調車2元／人(均無人售票，須
　自備零錢)

📞昆明公交熱線：871 6532 6597、96188

🌐www.kmbus.com.cn

本地人喜歡利用公車出行，上下班尖峰時刻人滿為患

計程車

不計本地人口,每年有超過1億觀光客路過春城,但全市卻只有9,000輛計程車。尖峰時刻能夠攔到計程車簡直是「不可能的任務」。昆明的計程車車況和服務品質參差,偶有不跳表、拒載等行為。有關計程車計價方式,請見P.72「計程車」。

網約車

筆者進出昆明市區多利用網約車。網約車在昆明十分方便,只要在手機上下載滴滴出行、優步、神州專車等叫車APP,並綁定大陸銀行卡或國際信用卡(或微信支付),在城市每個角落都可方便出行。

聯外交通

飛機

昆明長水機場距離市區約25公里,正常車程40分鐘可達。建議提早2小時到達機場辦理登機手續,不過如果搭乘航班處於客流高峰(早高峰06:30～08:30,午高峰11:30～12:30,晚高峰16:30～18:30),最好提前3小時到機場。

另外,昆明長水機場提供打包服務的地點有4處,都在3樓。若在昆明短暫停留,機場3樓和B1各有一個行李寄存處可存大件行李。其他有關昆明長水機場的詳細資訊,請參見P.71「從昆明長水機場至市區」。

隨身行李規定嚴格,建議事先整理後交付託運

昆明長水機場距離市區20餘公里,最好3小時前到達機場

火車

現有昆明←→成都、昆明←→貴陽、昆明←→南寧等12條鐵路幹支線,及省內的眾多鐵路。許多人會選擇搭火車前往大理、麗江,特別是夜班臥鋪車,在車上睡一晚,第二天到達目的地,省下一天的住宿費用。

目前大陸流行網上訂票,再到火車站取票;境外遊客可在昆明市區的火車票代售點購票,或委託旅行社、酒店代為訂票。為了安全,火車票採實名制,必須持有效證件(訂票用的臺胞證或外國護照)才能搭乘。由於搭乘火車的旅客眾多,建議至少提前1小時到站通過安檢。

行家小提醒

隨身行李禁帶物品

(1)乘機時可隨身攜帶少量旅行自用化妝品,個別容器容積不得超過100毫升,總量不得超過1,000毫升。

(2)土特產如蜂蜜、罐裝醃菜、豆腐乳、油菌子等不能隨身攜帶,須辦理託運。

(3)電子點菸器、打火機、火柴和具備點火功能的物品,無論隨身與託運行李皆不能攜帶。

(4)筆記型電腦、相機需單獨過安檢。鋰電池和行動電源須隨身攜帶。

昆明火車站

✉ 昆明市官渡區北京路1號

☎ 12306、95105105(中國鐵路客服中心)

➡ **1.** 搭乘地鐵1號線，在昆明站或環城南路下車。從地鐵出口步行到火車站距離約2公里，不建議攜帶大件行李的人搭地鐵前往

2. 搭乘公車2路、23路、24路、25路、31路、32路、44路、47路、58路、59路、60路、64路、68路、80路、83路、86路、107路、117路、134路、140路、154路、202路、209路、239路、242路、914路、C142、K1、K12、T3、T9504、T9507、T9508、Z12，均可到達火車站

http www.12306.cn

通常會在網上訂票再到火車站取票

旅遊旺季必須至少提前1小時到火車站通過安檢

昆明每天都有多班列車前往大理、麗江

行家小提醒

火車站安檢十分嚴格

2014年「3.1昆明火車站暴力恐怖案」震驚全國：2014年3月1日，10餘名暴徒持刀在昆明火車站攻擊群眾，造成29人死亡、143人受傷，此後火車站的安檢就十分嚴格。

客運

各個客運站外很多黑車拉客，不建議搭乘，行車安全和人身安全都無保障。另外，有時前往同一目的地有不同車型可選擇。以大理為例，有中巴、大巴、大眾轎車拼車，票價和車程時間都不同，購票時需詢問清楚。

在地觀察

低碳環保遊昆明

和臺北市的U Bike相同，昆明市區也推廣低碳騎行，提供數萬輛「共享單車」供市民和遊客使用，只要看到街道上停放的共享單車，都可以利用手機，租借單車，並在昆明主城區合乎規定的停車點歸還單車即可。

費用： 1元／小時，押金可以隨時申請退款；官方推出的昆明公共自行車「小紅車」，1小時內可免費騎乘

租借方式：

Step 1： 利用手機掃碼關注微信公眾號，或下載共享單車APP(例如摩拜、ofo共享單車、永安行等)，完成手機驗證。

Step 2： 登錄後儲值押金，並透過微信或支付寶支付押金。

Step 3： 掃描車身二維條碼，索取開鎖密碼。

Step 4： 輸入密碼，開鎖騎行。

	東部汽車客運站	西部汽車客運站	南部汽車客運站	北部汽車客運站	西北部汽車客運站
地址	昆明市盤龍區東三環虹橋立交人民路延長線街口	昆明市西山區益寧路18號	昆明市官渡區彩雲北路與商博街交叉口	昆明市盤龍區澧源路北	昆明市陳家營路與小屯路交叉口
電話	871 6383 3680	871 6818 2746	871 6736 1683	871 6837 3009	871 6826 5359
訂票網	www.4006510871.cn(雲南票務網)				
行經景點	石林 羅平油菜花 宜良九鄉	大理 麗江 瀘沽湖 香格里拉	元陽梯田	東川紅土地	安寧溫泉
行經目的地	滇東包括文山州、紅河州、曲靖市、羅平縣；昆明市石林、宜良縣	楚雄州、大理州、德宏州、怒江州、保山市、臨滄市；麗江市 (華坪縣除外)	普洱市、西雙版納州、玉溪市、紅河州建水縣、石屏縣、元陽縣、綠春縣、紅河縣	曲靖市、昭通市、昆明市東川區；還有貴陽、成都、重慶等省際班車	易門縣(屬玉溪市)、昆明市安寧市、攀枝花市(四川省)
交通指引	**1.**搭乘地鐵3號線、6號線在「東部汽車站」下車 **2.**搭乘公車22路、52路、60路、919D在「東部公交樞紐站」下車	**1.**搭乘地鐵3號線在「西部汽車站」下車 **2.**公車62、80、82、148、151、153、166、244、908、919b1、C60、C62、C65、C72、D7、D19、Z17路可達「馬街」或「西部客運站」	**1.**搭乘地鐵1號線在「南部汽車站」下車 **2.**搭12、46、149、154、165、170、178、186、C4、C5、C6、C7、C12、C13、C14等公車到「新螺螄灣公交樞紐站」	**1.**搭乘地鐵2號線「北部汽車站」下車 **2.**從火車站搭乘K1公車	市區搭乘1路、2路公車

＊以上資料時有變動，請以官方公布的最新資訊為準

2016年底才在昆明推廣使用的共享單車現已成為不少市民的代步工具

三月三耍西山

「三月三，耍西山」是昆明人春遊、賞花、踏青的習俗，各大公園和風景區都有不同的群眾活動。西山森林公園、金殿公園等地尤為熱鬧，前者湧入10萬以上群眾參與，不少民眾穿著傳統民族服飾結伴登山，一路載歌載舞享受初春登高風光。

三月三耍西山是本地人大規模的春遊

西山是昆明人的後花園，也是春遊踏青必去之處

昆明國際文化旅遊節

自2000年起，政府在五一假期推出「昆明國際文化旅遊節」年度大型旅遊嘉年華，吸引各地遊客和國際友人參與，也是昆明最大的年度旅遊招商活動。

在昆明市內的主要景點安排了花車巡遊、國際音樂節、民族歌舞展演、潑水狂歡、民族風味小吃、長街宴等，藉此展示雲南的歷史文化、民族風情、旅遊特色和國際間的文化交流，打造雲南旅遊文化品牌形象。

彝族火把節

雲南有25個少數民族居住在此，其中以彝族的500萬人口最多。每年農曆6月24日是彝族最重視的火把節，這項被稱為「東方狂歡節」的活動也被列入國家非物質文化遺產。

在雲南，彝族分布廣泛，楚雄彝族自治州和紅河哈尼族彝族自治州是彝族聚居地，此外，雲南還有14個彝族自治縣。火把節期間，彝族村寨殺雞宰羊，備辦佳肴，男女老少穿上盛裝，對歌舞蹈，白天鬥牛、摔跤，入夜後則燃燒火把，圍坐篝火狂歡。昆明近郊的石林彝族自治縣每年都舉辦火把狂歡節的活動，吸引遊人無數。

火把節是彝族的重要節日，一連三天慶祝不休(照片提供／張耀)

特色伴手禮

鮮花餅

　　雲南的鮮花餅以本土品牌「嘉華」最有名，營業點也最多；不過，昆明唯一一間臺灣人開的西點烘焙店「多柏思食品」也值得推薦。擔任慈濟功德會志工多年，老闆林治宏特別重視食品安全，對於鮮花餅的原料、餅皮、餡料的改良，要求符合現代人的口感和健康，採高成本的安佳奶油和海藻糖製作鮮花餅。此外，還引進臺灣工藝，最早在雲南推出金鑽玫瑰酥、玫瑰牛軋糖等結合雲南、臺灣糕點特色的人氣產品。

多柏思食品

✉ 昆明市學府路534號

☎ 871 6538 7968

🕐 08:00～22:00

ℹ 昆明有5家店，二環內免費送貨上門

http www.kmdbs.com

鮮花牛軋糖完美地把雲南食材和臺灣工藝結合(照片提供／多柏思食品)

吉慶祥滇味小點

　　創立於1907年的吉慶祥是滇式糕點百年老店，販賣的是老昆明人最熟悉的孩提記憶：小茴餅、芙蓉沙其瑪、重油夾沙糕、蕎餅、蘇打

吃得到玫瑰花瓣的鮮花餅，是雲南伴手禮的首選

百年老店吉慶祥是許多昆明人共同的回憶

2017上半年重新改裝，百年老店換新裝重新出發

蕎餅、苘餅、蘇打餅乾等特色滇味小
點是吉慶祥的招牌

「雲腿月餅」原
名「硬殼火腿月
餅」，為吉慶祥
首創

餅乾。令美食作家汪曾祺念念不忘的雲腿月
餅，也是吉慶祥首創。百年老店吉慶祥現被雲
南本地知名食品品牌潘祥記收購，重新包裝老
字號招牌。

吉慶祥滇味小點

- ✉ 昆明市五華華山南路87號
- ☎ 871 6362 4442
- ⏰ 08:30～21:00
- 💲 10元起
- ➡ 正義路往北過人民中路後，直行至華山南
  路左轉50公尺即達
- 🗺 P.95

普洱茶

普洱茶的歷史可以追溯到東漢時期，民間
有「武候遺種(諸葛亮）」的說法，其種植與
利用至少有1,700多年的歷史。普洱茶產於雲
南西雙版納等地，自古以來在普洱集散，因

雲南是普洱茶的起源地

而得名。知名的
普洱茶品牌包括
大益普洱茶、中
茶普洱茶、下關
沱茶、老同志普
洱茶、龍生普洱
茶、龍源普洱茶……

雲南最具規模的茶葉批發市場幾乎都集中在
昆明，如雄達茶葉市場、雲南茶葉批發交易市
場、東菊茶葉批發市場、西部茶葉批發市場、
塘子巷茶葉批發市場、康樂茶文化城和前衛茶
葉交易市場。

酸角糕

昆明的水果攤上經常
可見咖啡色豆莢狀的怪
異水果，雲南人稱「酸角
(也叫甜角)」，又名「羅
望子」。可別小看酸角，
它的含鈣量可是水果中
的第一名。以酸角為
原料的酸角糕是本地
特色零食，「貓哆
哩(傣語裡的「陽光少
年」)」是本地知名品牌。

「貓哆哩」果糕酸甜Q彈

豆莢造型的熱帶水果
酸角(甜角)，撥開殼的
果實有點像桂圓乾

雲南十八怪

「雲南十八怪」盒裝點心因名稱具本地特
色且單價低，頗受大陸遊客青睞，
裡面有三七糕、天麻
糕、芝麻貢糖、綠豆
糕、普洱茶糕等各式
小點。

茶文化已深植一般人生活

蘸水粉

臺灣朋友對貴州生產的「老乾媽」應該不陌生，雲南則有「蘸水粉」可與之抗衡。「單山蘸水」是本地暢銷品牌，以辣椒、花椒、鹽等調味而成，撒在燒烤、炒飯、湯麵或用做火鍋蘸料都很百搭。

雲南人飯桌上少不了的蘸水粉

苦蕎茶

將苦蕎種子經篩選、烘烤等程式加工而成的沖飲品，味道和口感很像麥茶。據說，生長於高寒地區的苦蕎有「降三高、抗氧化」等功效。超市有賣散裝和袋裝的苦蕎茶，用熱開水沖泡即可。

口味像麥茶的苦蕎茶可做日常飲品

文化藝品

前往大陸旅遊最苦惱的莫過於景區紀念品了無新意，伴手禮千篇一律，其實在雲南仍有不少極具地方特色的文化藝品，值得旅途中收藏，例如陶瓷、民族刺繡、草木染、銀器……將傳統手藝運用到家居、茶具、服飾、飾品，成為兼具美感和實用的旅行回憶。

「拾翠」便是這樣一個例子。最早在翠湖邊

❶集合本地手藝品牌和「非遺」工藝的「拾翠」，當屬伴手禮的精品❷在服裝、飾品上適度加上民族風元素，顯得格外亮眼

開店的「拾翠」和雲南非物質文化遺產傳承人合作，打造了雲陶、良繡、植物染等項目，可以說是第一個把旅遊經濟和「非遺」商業開發相結合的品牌。昆明的王府井百貨有四成客源來自觀光客，因此特意引進拾翠，在250坪的空間以「器、食、布、用」展示10多個雲南本土手藝品牌，是選購優質伴手禮的好去處。

拾翠
✉ 昆明東風西路27號王府井百貨5樓
☎ 871 6521 8556
🕐 10:00～22:00
http www.shicui.com
MAP P.95

旅行小抄 超市也能買到伴手禮

在昆明的大型超市，如家樂福、沃爾瑪、大潤發或百貨公司超市等，都設有雲南土特產專區，包括鮮花餅、普洱茶、牛乾巴、乾菌和雲南小粒咖啡等，超市都買得到。

特色飲食

雲南人對吃，重視食材的原汁原味，不像其他菜系講究烹調手法、味道層次、擺盤美感。「凡是綠的都是菜，凡會動的都是肉」，這是雲南人對吃的樸素信仰。據不完全統計，雲南可食用的花有百餘種，可食用的野生菌有30餘種，可吃的蟲子多不勝數！食材之新鮮、多樣和大膽正是雲南美食特色。

汽鍋雞

「中國吃雞之法多種……我以為應以昆明汽鍋雞為第一。」汽鍋雞何以得到美食作家汪曾祺如此高的評價？答案是：「最存雞之本味」。

汽鍋雞講究原料，過去用的是「武定壯雞」，現在退而求其次用「昭通鐵腳麻雞」。比較特殊的是其烹調容器

提到滇菜，第一個出現的菜名必屬汽鍋雞

就地取材，花草蟲魚皆可入菜

雲南人就地取材，大自然的饋贈絕不浪費，花草蟲魚皆可入菜，食器可以是竹子，如傣族的竹筒飯、哈尼族的竹筒雞；也可以是水果和樹葉，如傣族的鳳梨飯，還有以芭蕉

鳳梨飯是傣族招牌飲食之一

葉包裹蔬菜、肉類在炭火裡燒製的「包燒」。就連屋頂上的瓦片，因具透氣性且吸油膩，可當炊具或食器，如：瓦片烤肉、烤魚、烤豆腐。

「滇菜很難用幾個詞或一句話來概括或表達，雲南四季皆有特點。我們常說春賞花，夏食菌，秋品果，冬吃菜；而吃花、吃菌、吃蟲、吃果蔬、吃藥膳、品陳香普洱、品花香之飲，品少數民族風情的『五吃三品』在中華飲食文化中獨具一格。」雲南省餐飲與美食行業協會會長楊艾軍，曾一語道破雲南美食的獨特。

色香味俱全的烤雞令人食指大動

把食物包在芭蕉葉中置入炭火烤熟即為「包燒」，此為茄子包燒

和步驟：汽鍋雞得用中國四大名陶之一的建水紫陶汽鍋來製作才正宗。建水汽鍋外形古樸，構造獨特，剁成塊狀的雞肉放入汽鍋扁圓的肚膛中，加上幾片火腿，再將汽鍋放入一個放滿水的湯鍋之上，以文火隔水乾蒸。陶鍋正中央有一根空心陶管，蒸汽順著陶管氣孔進入汽鍋，經過3～4小時，導入鍋中的蒸汽凝結成原汁原味的雞湯。蒸煮時還可以加上雲南特有的三七、天麻或蟲草等藥材，口感和營養愈發奢華。

過橋米線

過橋米線的由來有股濃濃的人情味：昔日一秀才在河對岸苦讀，妻子送飯時總端碗米線到橋的另一頭，為

不論山珍，還是海味都可做為過橋米線的配菜

保持燙熱而採取湯料分離，遂有「過橋米線」一說。過橋米線由湯料、主料、輔料、佐料組成。湯料以大骨、老母雞、火腿長時間熬煮而成；主料是雲南特有的酸漿米線，內含氣泡可以吸收更多湯汁；輔料有里脊肉片、雞肉片、豬腰、火腿片、酸醃菜、香菜、韭菜、薑絲、豆腐皮；佐料有胡椒、鹽、味精。

過橋米線的碗須預熱，滾燙的高湯溫度在

遊客必點的過橋米線，一碗從10餘元～百元不等

75～90℃，配菜和米線入碗即熟；不過，由於表面覆蓋了一層雞油，不見熱氣，喝湯時得特別小心。食用順序也有講究：先放肉片和鵪鶉蛋，燙熟了之後再放青菜，最後倒入米線。

近來流行所謂的「新派過橋米線」，強調真雞湯(採用傳統土雞大骨熬製高湯，沒有任何添加劑)、好食材(加入松茸、黑松露、海參、鮑魚或牛肉等食材)、好米線(正規米線生產商)，再加上高檔的用餐環境，一碗過橋米線價格從25～268元不等。

野生菌

5～10月來雲南，必嘗野生菌。觀光客常吃的是野生菌火鍋，或雞湯鍋底或牛蛙湯鍋底，有的餐廳預先把菌子的根部曬乾後加入高湯中熬煮，鍋底自帶菌子鮮香。

野生菌是大自然給雲南人的美味饋贈

一碗簡單卻奢華的松茸飯(照片提供／曹婭)

乾巴菌

昆明人的心頭好，炒皺皮辣椒、炒肉絲、炒空心菜、炒飯都是美味。處理手法繁瑣：首先，菌子必須用手撕，小心清除附著的草和泥，然後放少許麵粉用手輕抓，麵粉可將菌子縫隙中的土和雜質帶出，還可以使乾巴菌炒出來格外鮮嫩。

雞樅

以楚雄的黑帽雞樅為最佳，處理時不能用刀切，也得以手撕，然後或爆炒或燉雞湯。

見手青

必須以豬油炒，若煮不熟會有毒，分寸拿捏很重要。

野生菌雖美味，但是處理過程繁複，加工需謹慎(照片提供／曹婭)

宜良烤鴨

宜良烤鴨的歷史可溯至1856年，領先北京全聚德烤鴨8年。宜良烤鴨是以麻鴨為原料，以燜爐暗火燒烤的方式製成，鴨皮酥脆而不膩，鴨肉香嫩。百年來經不斷改良，宜良烤鴨也吸引了不少饕客專程前往，國學大師錢穆在宜良撰寫《國學大綱》時，每週必「消滅」一隻烤鴨。不少昆明餐廳都有烤鴨這道菜色，昆明學成飯店的烤鴨在城裡最有名。

各種火鍋

雲南人「無鍋不歡」，到處都可見火鍋的招牌，尤其是海拔越高的地方，火鍋可以說是日常生活的標準配備。除了天麻火腿雞火鍋、酸筍雞火鍋、麗江臘排骨火鍋、香格里拉犛牛肉火鍋、騰沖土鍋子等本土特色火鍋；還有外來的重慶麻辣鍋、泰式海鮮火鍋等湊熱鬧。野生菌火鍋是後起之秀，專供遊客不分四季都能品嘗野生菌的美味。

炊鍋即是本地特色的老昆明火鍋

火鍋花樣繁多，材質也有銅火鍋和黑陶火鍋等

燒豆腐是最典型的市井小吃

在雲南，對燒烤的熱愛不分民族，不分地域

燒烤

燒烤幾乎就是昆明夜市的全部。不過這並不足為奇，因為少數民族處理食材最常見的方式就是燒烤。不論雞鴨魚肉，從頭到腳都可以烤，素菜也很豐富，茄子、櫛瓜、韭菜、土豆、人工菌……其中傣味羅非魚(就是吳郭魚)、箇舊烤雞腳、建水烤豆腐算是燒烤界三大天王。想要一次嘗遍多種街頭滋味，不妨到雲南大學附近的園西路，幾百公尺的路邊攤有燒烤、燒豬腳、燒豆腐、烤腸……煙火味十足。

❶勐海烤雞輕鬆完勝西式烤雞、炸雞 ❷燒烤是雲南夜市的主力軍，葷素搭配，花樣繁多

清真菜

在雲南旅行途中，如果一時不知道吃什麼，不妨看看周圍有沒有清真飯館，筆者的主觀經驗是回族餐廳通常滿講究衛生，即便是小吃店也乾乾淨淨。元代以後，不少回族

路邊的清真餐廳門口經常掛著風乾的牛乾巴

從西域進入雲南，因其教義要求，回族飲食特別講究：禁食豬、狗、驢、騾的肉，也禁食非穆斯林和誦非真主之名屠宰的動物，並嚴格禁酒。

雲南常見的「牛乾巴」即源於回族飲食：把上等牛肉切塊、醃漬、晾曬而成，鮮香可口，便於攜帶保存，油炸、水煮、火燒都有滋味。餐廳常見的作法是油炸乾巴或油淋乾巴，另超市有售手撕乾巴(像牛肉乾)可當零食。

回族遵守嚴格的飲食習慣，還有專門的西點店

雲南回族人口超過70萬，處處可見回族餐廳，昆明尤其明顯

必遊景點

翠湖公園
翠湖周邊
11～3月是最佳賞鷗時節

「翠湖是昆明的眼睛」，文人曾充滿深情地形容翠湖。對觀光客來說，這份浪漫的聯想似乎有點言過其實。然而，信步閒逛翠湖，可以感受到昆明人的「日常」。不管觀光客來或不來，路邊烤土豆攤子炭火依舊熾烈，跳廣場舞的大媽腰肢搖擺；老大爺們下棋抬槓，半吊子街頭藝人自娛娛人，入夜後昆明的白領群聚在此夜跑。翠湖公園正是昆明日常的縮影。

翠湖是昆明歷史上的文化圈，從元代起設文廟、五華書院，乃至雲南大學、講武堂、雲南省圖書館……讓翠湖周邊彌漫濃濃文藝風。

如果在11～3月期間來昆明旅遊，就更不能錯過翠湖公園。自1985年起，每年入冬就有大批來自西伯利亞的紅嘴鷗在此棲息，成千上萬的候鳥或飛或棲，每每令遊客驚嘆。公園內售有專門投餵的鷗糧(1包5元)，海鷗毫不怕生，搶著覓食，這是近距離接觸、拍照的最佳時機。觀鷗時最好戴著寬簷帽並準備濕紙巾，以防「流彈」攻擊。

❶每當入冬海鷗群聚翠湖，遊客也絡繹於途❷昆明人特別愛逛公園，翠湖公園是首選❸頗具時光感的遊船，喚醒兒時回憶

✉昆明市五華區翠湖南路67號 ☎871 6531 8808 ⏰07:30～23:00 💰免費 ➡1.搭乘101、133公車翠湖站下車即到；2.搭乘4、5、26、69、83、96路公車，於百匯商場下車後步行，由東風西路轉進翠湖南路；3.搭乘K2、54、61路公車，於小西門站下車步行，由人民中路轉入錢局街，右轉翠湖南路 ⏳1小時 MAP P.95、113

行家小提醒
抓鷗拍照會處以罰款

昆明對於保護紅嘴鷗十分重視，遊客如有不文明行為，例如之前有人徒手抓海鷗來拍照，觸犯了《中華人民共和國陸生野生動物保護實施條例》，被處以罰款，一隻海鷗625元。

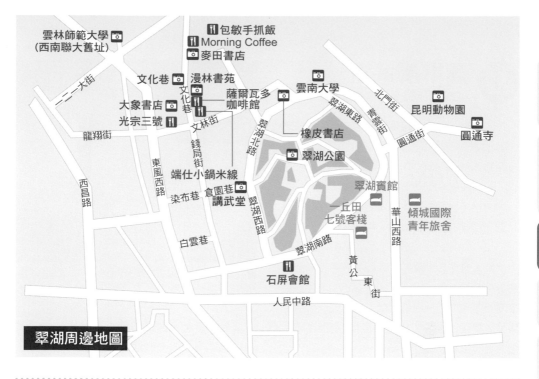

雲林師範大學 📷
（西南聯大舊址）

🍴包敏手抓飯
🍴Morning Coffee
📷麥田書店

一二一大街

文化巷 📷 漫林書苑
🍴薩爾瓦多咖啡館

大象書店 📷
光宗三號 🍴

文化巷
文林街

📷雲南大學

北門街
青雲街
翠湖東路

昆明動物園 📷

📷圓通寺

龍翔街

西昌路

錢局街

翠湖北路

🍴端仕小鍋米線
染布巷 倉園巷
🍴講武堂

橡皮書店

📷翠湖公園

圓通街

東風西路

翠湖西路

翠湖賓館 🛏

翠湖南路

一丘田 🛏
七號客棧

華山西路

傾城國際 🛏
青年旅舍

白雲巷

🍴石屏會館

黃公東街

人民中路

翠湖周邊地圖

翠湖周邊

雲南大學
必賞11月的金黃銀杏

📧昆明市五華區翠湖北路2號 📞871 6503 3819 🕐全天 💲免費 ➡搭乘1、85、Z5、100、101、125、133路公車至雲南大學翠湖北路公車站下車 ⏱1小時 🗺P.95、113

　　雲南的最高學府，前身是1922年雲南省省長唐繼堯在雲南貢院的基礎上創辦的「東陸大學」。校舍如會澤樓、至公堂和梁思成、林徽因設計的女生宿舍映秋院都很有特色，可惜部分建築已不復當年景觀。11月校園裡的金黃銀杏大道經常吸引遊人造訪，坐在草地上，身邊有松鼠活躍奔跑，彷彿回到大學時光。

❶Cosplay玩家在歐式建築會澤樓前拍照，絲毫沒有違和感❷雲大的大學部已搬到呈貢大學城，城區裡只有研究生和遊客了❸雲南大學是雲南最高學府，校園綠意盎然

陸軍講武堂
中國近代最早的軍事院校

長久以來，雲南都是邊陲不毛之地，到了20世紀初才有所改觀。雲南因為一文一武的學府而揚眉吐氣：一文的是「國立西南聯合大學」，一武就是翠湖旁的「陸軍講武堂」。

1909年，清廷為了鞏固邊防，在翠湖西畔創設雲南陸軍講武學校(後更名為雲南陸軍講武堂)，成為中國近代最早的軍事院校。知名的雲南軍人蔡鍔、唐繼堯、大陸知名將領朱德、葉劍英都是該校校友。之後的19年間，講武堂改寫了中國歷史，包括護國戰役、北伐、抗日戰爭，無役不與。1924年黃埔軍校創辦之際，

❶此地也展出昔日歷史文獻，定睛一看竟是民國元年❷講武堂明黃色的外觀襯映著藍天特別醒目❸講武堂內以實景復刻當年軍校的食堂

主要教學幹部都是從講武堂選派的。如今，鵝黃色建築是典型的走馬轉角樓(每棟樓房之間，樓上樓下均有走廊相連)，東、西、南、北四座長120公尺的樓房組合而成，是熟悉雲南近代史的入門所在。

✉昆明市五華區翠湖西路22號 ☎871 6532 2488 ◎09:00~17:00(週一閉館，每天10:00、15:00有免費解說) ⑤免費 ➡1.搭乘1路公車在雲南大學下車，沿翠湖北路步行至翠湖西路；2.搭乘101路公車在翠湖北路下車；3.搭乘5、23、4路公車在小西門下車，沿東風西路步行，轉倉園巷到翠湖西路 ⌛1小時 MAP P.113

西南聯大舊址
頂尖學者的搖籃

中文系教授朱自清、胡適；外語系教授葉公超、朱光潛；歷史系教授傅斯年、錢穆……這樣的「夢幻組合」只出現在西南聯大？對日抗戰期間，北京大學、清華大學和南開大學三校師生，從陸路、水路進入雲南，在昆明組成的西南聯大，成為中國高等教育的典範。1938~

1946年8年間，不少頂尖的知識分子都在昆明西南聯大度過難忘時光，包括獲得諾貝爾獎的楊振寧、李政道；梁思成、林徽因夫婦。現在的雲南師範大學校園內，仍保留了西南聯大部分校舍教室。

✉昆明市五華區一二一大街298號雲南師範大學校園內 ☎871 6535 3635 ◎全天 ➡搭乘10、111、205、212、22、55路公車，在雲南師範大學站下車 ⌛1小時 MAP P.95、113

文化巷
本地年輕人聚集的好去處
翠湖周邊

雲南大學旁的文化巷是昆明少數可以感受「異國情調」的地方。南起文林街，北至天君殿巷，長約250公尺的文化巷裡，異國餐廳、咖啡館、小酒吧、小店林立，是大學生、年輕白領族和老外特別喜歡逛的地方。

✉昆明市五華區文林街　🕐09:00～24:00　➡可從文林街轉入文化巷，或由一二一大街轉入　⏱2小時　🗺P.95、113

❶就和大學旁的公館夜市、逢甲夜市一樣，位於雲大、雲師大旁的文化巷看著不起眼，卻十分熱鬧❷除了餐廳、商店，沿路鮮花、水果、卷粉、臭豆腐……路邊攤林立

文化放大鏡

文林街、文化巷命名由來

文林街形成於明清時期，原先只是一條土路，後因接近貢院(今天的雲南大學)，為科舉考試考生聚集之地，得名文林街。文化巷早年因蓴麻叢生而得名「蓴麻巷」，後因西南聯大文人學者在附近聚集喝茶、聊天，而形成了「文化巷」，也成了本地年輕人聚集的流行地標。

金馬碧雞坊
金碧交輝的昆明地標
市中心

位於市中心的金馬坊和碧雞坊是昆明的地標。金馬和碧雞都是傳說中庇佑滇池的神祇，明代宣德年間建立了金馬坊和碧雞坊，迄今已有600年歷史。但文化大革命時遭破壞，1997年重建為今日規模。昔日傳說，每60年會出現「金碧交輝」的景觀，落日從西邊照射碧雞坊，上升的月亮則由東邊照射金馬坊，兩個牌坊影子交疊而成金碧交輝！金馬碧雞坊周邊的

❶雲南第一位「省長」是元朝派來的回族人賽典赤，他大力建設並廣建文廟，後人為其立了忠愛坊❷昆明地標建築金馬碧雞坊最早建於明代，今為1999年重建

正義路、三市街、南屏街是昆明最熱鬧的商業區，平日、假日人潮攢動，有多樣化的購物、美食、住宿可選擇。

✉昆明市五華區三市街與金碧路交會處　🕐全天　➡搭乘3、4、62、73、90、107、206路公車在「金馬坊」站下車即達　⏱0.5小時　🗺P.95

東寺塔、西寺塔
走訪昆明最高佛塔

　　昆明最高的佛塔——東寺塔位於書林街、西寺塔位於東寺街，雙塔隔著一條仿古步行街遙遙相對。建於唐代的東寺塔、又名常樂寺塔，高41公尺；西寺塔高35.5公尺，兩者

為方形13層密簷式磚塔，與大理三塔的千尋塔為同一批能工巧匠所建，今貌則是經過多次修葺的結果。塔頂的四角各置一大鵬金翅鳥，為佛經中的「迦樓羅」，亦即本地人所稱的「金雞」，以龍為食物的迦樓羅鎮守塔頂，可平息滇池水患。「雙塔煙雨」曾列為昆明八景之一，也是攝影愛好者拍攝夜景的最愛。

....

✉昆明市西山區東寺街、書林街 🕐全天 ➡由金碧路(金馬碧雞坊)轉書林街步行650公尺 ⏳0.5小時 ᴹᴬᴾP.95

❶昔日東、西寺塔毗鄰滇池，塔上銅鑄的金雞可鎮住滇池裡興風作浪的龍王 ❷位於書林街中段的東寺塔1833年毀於地震，1883年原貌重建

昆明老街
感受清末民初的歷史風華

　　從金馬坊步行經過最熱鬧的正義路、三市街，左轉入景星街或光華街，便可信步閒逛昆明老街(以錢局街為主)和景星花鳥市場。

　　昆明老街主要是由錢王街、文明街、光華街、文廟直街、甬道街……等10條古老街道組成，昔日銀號、藥店、酒肆、茶館、餐館、糕餅店林立。特別是光華街上有福林堂、王運通膏藥鋪、逸樂電影院、群舞臺。街區內有30餘處文物保護建築，保有清末民初傳統建築風

貌，是昆明市區內唯一保存完整的歷史街區。沿路商店新舊並陳，有時尚的咖啡店，也有路邊攤，可以一邊品嘗炸土豆、烤肉串、豆花米線等在地小吃，一邊喝著珍珠奶茶或抹茶拿鐵。

....

✉昆明市五華區昆明老街 📞老街旅遊資訊公共服務中心：871 6363 9733 🕐10:00～21:00 ➡沿正義路轉入景星街或光華街 ⏳2小時 ᴹᴬᴾP.95

❶老街上的屋簷、窗臺、巷弄……是老昆明人的共同回憶 ❷勝利堂兩旁弧形建築像酒杯，而被稱為酒杯樓，尖端處和紐約的熨斗大廈有幾分神似 ❸老街上的福林堂，創立於1857年，是雲南最古老的藥店

市中心

雲南鐵路博物館

陳列滇越鐵路相關文物

法國人在雲南建造滇越鐵路，全長859公里，在1910年通車時，是中國距離最長、軌距為1公尺(所謂的米軌)的窄軌鐵路。由火車北站候車室改造而成的雲南鐵路博物館，現保存陳列滇越鐵路的相關文物。

✉昆明市北京路913號 ☎871 6613 8610 🕐週三～日09:00～17:00(16:00後停止售票) 💲10元／人 ➡1.搭乘地鐵2號線至火車北站，由D出口出站；2.搭乘3、23、61、71、236路公車至火車北站下車 ⏳1小時 🌐www.ynbwg.cn MAP P.95

❶法式古典建築風情的鐵路博物館，原為滇越鐵路「雲南府站」❷1914年，在滇越鐵路投入使用的米其林載客膠輪內燃動車❸鐵路博物館裡陳列不同時期最具代表性的火車頭和車廂❹法國人把第一條鐵路引進雲南，和鐵路相關的建築極具法式情調❺火車沒有汽車快。鐵路在雲南是個謎，不妨來鐵路博物館解謎

旅行
小抄

城市米軌列車

博物館旁的火車北站可搭乘「城市米軌列車」，是大陸最古老的米軌，也是全國唯一運行的米軌火車。每天開3趟車，鐵軌是百年前的米軌，車廂是1979年生產的車廂，車頭則由蒸汽機換成內燃機。

北站到石咀：民國時期修建的滇緬鐵路段
🕐10:30 💲1元／人
北站到王家營站：百年前修的滇越鐵路
🕐07:31、17:20 💲2元／人

行家小提醒

米軌暫停營運中

由於興建中的地鐵4號線與米軌共用了11公里的廊道，所以施工期間，米軌暫停營運30個月，並拆除近10公里的米軌，待地鐵完工後再恢復原貌。預計2019年年底，米軌才會重新運行。

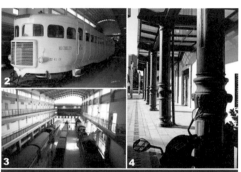

❶尋常百姓常吃的豌豆粉一字排開❷火烤辣椒經調味後，也是一道小菜❸市場內的人氣小吃往往大排長龍❹廚房需要的各種佐料醬料，篆新市場都找得到

市中心 篆新農貿市場
大啖排隊美食

據說是昆明最大的菜市場，裡面有各種新鮮的瓜果蔬菜、熟食、小吃，讓觀光客眼花撩亂、食慾大開。其中，門牌號碼9-25的呈貢豌豆粉、9-37辣辣小吃的豆花米線和豆麵湯圓、3-10的顆顆香甜白酒、AF-32王氏滇味粉蒸肉和千張肉、5-14的味美軒滷味⋯⋯都是大排長龍的人氣小店。昆明是雲南省內唯一一個以「公斤」計價的城市，其他城市均以500克「市斤」計價。

✉昆明市五華區新聞里社區(雲南日報社)🕐07:00～19:00 ➡1.乘124、97路公車於新聞路下車；2.乘52、148、90路公車於環西橋下車，由環城西路步行至新聞路約500公尺 ⏳1～2小時 ℹ和一般農貿市場相較，篆新市場價格相對貴些，偷斤減兩時有所聞。再者，菜市場人潮流量大，需注意隨身手機、財物 MAP P.95

滇池周邊 海埂公園
觀賞紅嘴鷗的最佳地點

海埂是一條由東向西橫穿滇池的長堤，全長5公里，又稱為海埂大壩。入冬後，這裡是觀賞、拍攝紅嘴鷗的最佳地點。蔚藍的天空、滇池湖水扁舟、還有猶如側臥睡美人的西山近在咫尺，12月時還有一路綻放的冬櫻花，四時皆有可觀之處。

❶在海埂大壩上，滇池和西山的景致一覽無遺❷入冬後大壩上遊人如織❸在滇池畔的海埂大壩賞鷗，是遊客和昆明本地人年度重頭戲

✉昆明市西山區滇池路1318號 📞871 6431 1056 🕐08:00～17:00 💲免費 ➡搭乘73、135、184乙線、233、24、44、94、172路公車，均在海埂公園站下車即達 ⏳1小時

滇池
周邊

滇池
雲南第一大湖

面積330平方公里的滇池是雲南第一大湖，也是全國第六大淡水湖，數千年來昆明人一直環滇池漁獵、畜牧、耕種。文革時期「向滇池要地，向滇池要糧」展開圍海造地，1976年滇池的水不再能飲用；之後，滇池藍藻汙染嚴重，近年大力整治後水質稍有好轉。

目前18平方公里的滇池國家旅遊度假區內有五星級度假酒店、高爾夫球場，周邊還有西山森林公園、海埂公園、雲南民族村，建議依照下列順序玩樂，能讓行程更順暢：滇池索道→西山龍門景區→海埂公園→雲南民族村。

✉ 昆明市西山區滇池路1288號 ⏱ 08:00～17:00 ➡ 於火車站搭乘44、24路公車，到海埂公園站下車即達 http www.dianchi.km.gov.cn ⌛ 1～2小時 MAP P.10、94

❶雲南第一大湖滇池，相當於40個日月潭大 ❷到了冬天，不分男女老幼都喜歡到海埂大壩餵海鷗

④

西山森林公園
搭乘懸空索道遠眺滇池市區

距市區15公里的西山位於昆明西郊，滇池西岸，有個童話別名「睡美人」，因為從市區往西山看去，正像是一個側臥的美女橫躺在滇池邊，頭部、頸部、腰肢十分神似。爬西山是昆明人傳統休閒方式，所以每年上西山的300萬人次中，有200萬是本地人。

西山景區和若干耳熟能詳的人名有所連接：中國近代禪宗大師虛雲和尚曾主持華亭寺；明代被流放到雲南的巨富沈萬山晚年在太華寺修道；還有大陸國歌《義勇軍進行曲》的作曲者聶耳墓塚也在此。

其中，中外遊客聚集的龍門景區，在三清閣到山頂達天閣之間，需經千百個階梯拾階而上，最窄處僅能容一人通行。沿途的浮雕石

❶正月躍龍門是昆明人過年的習俗❷龍門景區臺階很多，最好穿著運動鞋❸進入龍門景區，可搭乘懸空索道上山，市區滇池盡收眼底❹龍門景區步道全以人工開鑿

刻，最早是苦行道士在此修行時雕刻的，後經清代匠人花72年完工，此處也是賞滇池風光和昆明市景的最佳地點。

✉ 昆明市西山森林公園 ☎ 871 6842 6668 🕐 08:30～17:00 💲 西山免費開放，各景點寺廟單獨售票；龍門景區門票40元/人，電瓶車10元/人，索道25元/人(單程) 🚌 可視個人時間和預算採取下列方式到龍門景區：1. 搭乘地鐵3號線在「西山公園站」下，轉搭景區巴士直達龍門景區口(單程12.5元/人)或步行上山(單程約6公里)；2.在海埂公園搭索道達龍門景區，來回70元/人(08:30～17:00)，可在美團或其他旅遊APP上提前訂票可優惠10～20元)／3.搭索道上山，搭景區巴士下山到地鐵3號線西山公園站 ⏱ 3小時 🌐 www.kmxishan.com 🗺 P.94

①
②

行家小提醒

遊覽西山小訣竅

在美團等APP上購買門票或索道票略有優惠，但必須前一天晚上9點前購買，不能到現場再網購。另外，景區工作人員會推銷搭電瓶車和纜車，不過若時間充裕、體力也OK，可選擇步行。筆者進入西山景區步行到龍門來回約1.5小時。

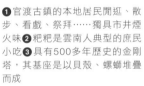

雲南民族村

　滇池周邊

實地探究少數民族生活特色

諮詢昆明本地朋友，他們帶外地朋友遊昆明的第一站，通常是雲南民俗村，因為可以在最短的時間內，感受雲南26個民族的文化特色。雲南民族村位於滇池北岸的海埂，占地約90萬

平方公尺。民族村以1：1比例建造了彝、白、傣、苗、景頗、佤、哈尼、納西、傈僳、獨龍等25個少數民族的村寨，在少數民族村寨中，如傣族的竹樓、彝族的太陽曆廣場，實地感受其建築、服飾、歌舞和文化特色。民族村旁的雲南民族博物館是大陸最大的民族博物館，可順道一遊。

✉昆明市西山區滇池路1310號 ☎871 6431 1255 ⏰08:30～17:00，18:00～22:00。《高原的呼喚》演出：14:30～15:20 💲2018年1月23日起漲為120元／人。目前90元／人（120公分以下兒童、70歲以上老人憑證免票，學生憑證半價，持高鐵票遊客於每天09:00～14:00購買景區門票套票享5折優惠；欲購買電子票者須於遊玩當天02:00前下單），《高原的呼喚》演出門票150元／人 ➡搭乘24、44、73、94、135、172、184、233、A1、A4、A9公車在雲南民族村站下車 ⌛3～5小時 http www.ynmzc.cc ℹ在民族村內步行遊玩相當費時費力，最好租用交通工具（景區可租用電瓶車、四輪腳踏車等）；若想深入瞭解少數民族，也可以付費請導遊解說（中文／150元／3小時）

❶雲南民族村是昆明知名景點，展現雲南少數民族特色❷民族村周邊是大片老昆明的仿古建築

官渡古鎮

📍滇池周邊

必看中國現存最古老的金剛寶塔

看過麗江古城、沙溪古鎮，位於昆明南郊8公里的官渡古鎮，可能看似「山寨」。不過，可別小瞧了這不到1.5平方公里的小鎮。整座古鎮建築在新石器時代貝丘文化的遺址上，且自唐、宋以來，就是車水馬龍的渡口，過往官船、漁舟都得在此停靠，改乘官轎或騎馬進入昆明城。

唐代以降，五朝先後在官渡古鎮修建了六寺、七閣、八廟。其中，最珍貴的當屬建於1458年的妙湛寺金剛塔。後來塔體下沉，塔座長期浸泡在水中，直至2002年才以現代科技，把1,350噸

❶官渡古鎮的本地居民閒逛、散步、看戲、祭拜……獨具市井煙火味❷粑粑是雲南人典型的庶民小吃❸具有500多年歷史的金剛塔，其基座是以貝殼、螺螄堆疊而成

的金剛塔提高2.6公尺，是中國現存最古老的金剛寶塔。

✉昆明市官渡區尚義村、廣福路雲秀路口 ☎871 6737 6593 ⏰全天 💲免費 ➡搭乘地鐵1號線於珥季路轉搭169路公車，於官渡古鎮站下車；或搭乘公車31、165、169、K15路於官渡古鎮站下車 ⌛1小時

旅行小抄

順道嘗鮮「官渡三寶」

參觀了雲南省博物館後可步行5分鐘到官渡古鎮，順道嘗一下號稱「官渡三寶」的小鍋米線、炒餌塊、豌豆粉；官渡粑粑在昆明小有名氣，古鎮裡的「李氏憨粑粑」和「眼鏡粑粑」都是人氣老店。

雲南省博物館

滇池周邊

雲南最大的綜合博物館

如果對雲南的歷史人文有興趣，雲南省博物館絕對是你遊昆明的第一站。省博館是雲南藏品最多、規模最大的綜合博物館。

早期滇人沒有文字，便以青銅為紙，記錄日常農耕、漁獵和戰爭、祭祀等場面，人物動物生動細緻，令人嘆為觀止，戰國時期的「牛虎銅案」便是鎮館之寶。另外，在重修大理崇聖寺千尋塔時，於塔頂發現的阿嵯耶觀音像，也是兼具宗教和藝術之美的代表作。

❶省博館建築形似雲南傳統建築「一顆印」，外形仿若石林風化地貌❷少女面目、男兒身型的阿嵯耶觀音又稱為「梵僧觀音」，是雲南獨有的佛教造像❸明代沐英及其家族治理雲南200多年，於其後代墓塚中發現金鑲紅藍寶石冠❹以二牛一虎為造型的牛虎銅案，是青銅藝術的傑作

✉昆明市官渡區廣福路6393號 ☎871 6728 6223 🕐週二～日09:00～17:00(16:30後禁止入館) 💲中文人工講解80元／1～5人，自動語音導覽器20元／台，押金100元／台 ➡1.搭乘地鐵1號線，在珥季路站下車轉D28、Z96、253公車；2.搭乘31、165、185、186、232、253、255、908、A12、C143、C85、K15公車在官渡古鎮下車 ⌚2～3小時 🌐www.ynmuseum.org ℹ建議利用館方每天10:20、14:20提供的定時講解；或有償的人工中、英文講解和自動語音講解，可深入瞭解雲南歷史文化

行家小提醒

雲南省博物館的必看展館

館內展出了從遠古到現代的代表性文物，若時間有限，不妨優先參觀介紹雲南青銅時代的「文明之光」和南詔、大理國時期的「妙香佛國」兩個展館。

斗南花卉市場

滇池周邊

亞洲最大鮮花交易市場

　　據說大陸每10枝鮮花，就有7枝來自雲南，亞洲最大的鮮花交易市場就在距離昆明市區18公里的斗南花市。這裡每天交易1,600萬枝鮮花，300噸的鮮花經由航空、公路、鐵路運往歐洲、日本、韓國、泰國、新加坡和國內各主要城市。大家都戲稱這裡的鮮花不是論朵賣，而是稱斤賣，價格便宜幾可見一斑。建議觀光客

❶玫瑰、康乃馨、滿天星是花市的3大明星商品(照片提供／姚嘉)❷玫瑰花看似嬌豔，大棚裡的溫度幾乎達到40、50℃❸雲南因為氣候、溫度、土壤等條件，特別適合栽種花卉，也形成了龐大的產業鏈(照片提供／姚嘉)❹斗南花市商家多提供鮮花、乾花打包快遞的服務，但對境外遊客就不適合了

晚上8點半以後來此，屆時湧入各種批發的賣家、買家，花市最為熱鬧壯觀。

✉昆明市呈貢區斗南鎮斗南村 ☎871 6749 6020 ⏰04:00～24:00(白天零售，晚上批發) 💲免費 ➡搭乘地鐵1號線到斗南站下車後轉C6公車，在斗南花卉市場下車 ⏳2小時 MAP P.94

世博園

東北部市區

五大展館與六大專題展園是必看亮點

　　1999年在昆明舉行的世界園藝博覽會，是雲南第一次面向國際的大型展會。此後，世界園藝博覽園(世博園)成為昆明吸引海內外遊客的亮點，現由中國館、國際館、人與自然館、科技館和大溫室等5大展館；竹園、蔬菜瓜果園、藥草園、盆景園、樹木園、茶園等6個專題展園和3大室外展區組合而成。由於展館陸

❶春城處處飛花，不一定得專程到世博園❷除了室內展館，戶外則以鮮花點綴、熱鬧歡騰❸世博園曾將昆明帶向世界的舞臺

續整修，行前最好去電了解；同時，對於一些毛遂自薦的導遊也要特別留意，刻意推銷藥材或燒香隨喜功德等話術，是他們常見的套路。

✉昆明市盤龍區世博路10號 ☎871 6501 2284 ⏰08:00～17:00 💲100元／人(70歲以上憑證免票)，電瓶車20元／人 ➡搭乘A12、50、235、A1、C136、182、69、71、47、249、204、K18路、919路E線，到世博園站下車即達 ⏳3小時 MAP P.94

雲南野生動物園

老少咸宜的好去處

雲南野生動物園飼養200多種、1萬多隻動物，包括「國寶」熊貓和滇金絲猴，還有來自異國的紅毛猩猩、犀牛、長頸鹿等；昔日筆者兩度造訪野生動物園都是為了帶孩子看熊貓。

園方強調「七分自然，三分人工」自然放養的聚居生活，讓小朋友可以近距離觀察各種動物，但是例行的大型動物表演和獅虎山莊付費買鮮肉「釣」老虎的節目，評價不一。

❶ 在此可以近距離接近各種動物(照片提供／雲南野生動物園) ❷ 占地0.3平方公里的野生動物園很適合親子遊(照片提供／雲南野生動物園) ❸ 野生動物園現有200隻老虎，是全國最大的老虎馴養繁殖基地(照片提供／雲南野生動物園)

✉ 昆明市盤龍區灃源路清水河村 ☎ 871 6501 7777、6501 8888 ⏰ 09:00～17:30(16:30後停止售票) 💲 成人票80元／人(120公分以下兒童免費)；電瓶車40元／人 ➡ 搭乘235、241、249、150路公車至雲南野生動物園站下 ⏳ 4小時 http www.ynzoo.cn

石林風景區

中國四大旅遊勝地之一

石林可謂雲南發展最早、也最富盛名的景點，過去與北京故宮、西安兵馬俑、桂林山水並列中國四大旅遊勝地。

3億年前，此地一片荒澤，經過漫長的地質變化，成為世界上唯一位於亞熱帶高原的喀斯特地貌風景區，於2004年被聯合國教科文組織評定為「世界自然遺產」。

石林世界地質公園占地350平方公里，是以

❶ 石林景區自1931年起開發建設，已是雲南、乃至中國最富盛名的景區 ❷ 石林及其周邊像極了外太空場景

石林地貌景觀為主的岩溶地質公園，園內有劍狀、塔狀、蘑菇狀和不規則柱狀等……千奇百怪的石林類型，彷彿置身外太空星球的場景。步行遊覽景區約3小時，如體力有限，不妨在景區口購買電瓶車車票，可隨上隨下。

✉ 昆明市石林彝族自治縣 ☎ 871 771 9006 ⏰ 07:00～18:00 💲 175元／人(含乃古石林景區，130公分以下免票，70歲以上老人免費)，電瓶車25元／人 ➡ 1.在昆明南站搭高鐵到「石林西站」(18元起／人，車程20分鐘)，下車轉99路公車(10元／人)到景區停車場；2.昆明東部客運站有班車直達石林景區(有往石林縣城和石林景區2種班車，買票時要確認往石林景區)，07:10～16:40，逢整點10分、40分出發，27元／人，車程1.5小時 ⏳ 3～4小時 http www.chinastoneforest.com MAP P.10、94

昆明
郊區

九鄉風景區
尋訪地下溶洞祕境

「地上看石林，地下看九鄉」，石林雖然壯觀震撼，但看久了不免產生審美疲勞，而九鄉的溶洞景觀有山有水，跌宕起伏，似乎更炫目豐富。

九鄉風景區距離昆明90公里，1984年因地質學家發現上百座大小地下溶洞而聞名，今有「溶洞博物館」之稱，也是成龍電影《神話》的取景地。進入景區後，可搭乘53公尺落差的景觀電梯到達谷底的蔭翠峽，然後步行溶洞步道或水路乘船，以不同的視角欣賞大自然的鬼斧神工，若不想走回頭路，可搭纜車返回出口。

✉宜良縣九鄉彝族回族鄉 ☎871 6751 1966 🕗08:00～18:00 💲門票90元／人(120公分以下免票，70歲以上老人免票)，纜車30元／人 ➡1.現推出「九鄉直通車」，08:30從昆明飯店(昆明市盤龍區東風東路52號)出發，16:00返昆明，258元／人(含來回車票、景區門票、索道、船票和保險)；2.昆明東部客運站有多個班車前往宜良，到宜良轉乘21路公車到達九鄉風景區 ⏳3小時 🗺P.10、94

❶距離昆明90公里的九鄉值得一遊 ❷可在蔭翠峽乘船欣賞兩岸風光 ❸光映射下的溶洞特別壯觀 ❹九鄉內的「神田」是最大規模的梯田狀鐘乳石 (以上照片提供／九鄉旅遊區)

書店巡禮

昆明有條「書林街」，據說早期這裡聚集刻書、賣書的手藝人和店鋪。對日抗戰期間，昆明成了大後方，商務印書館、中華書店、世界書局都在昆明開設分店。如今，昆明除了新華書店、新知書城等大型連鎖書店，仍有少數獨立書店支撐起成一道難得的書店風景。

花生書店
店主精挑藝術書籍和童書

友人阮潔喜歡看書，也是臺灣誠品書店的忠實粉絲。當她告訴我，要在昆明開一家書店，老實說，喜憂參半，喜的是自己多個去處，憂的是書店之路荊棘密布。沒想到在千篇一律的購物商場中，花生書店猶如一個小小的綠洲，供愛書人短暫駐足流連。

花生取其「花生萬物」，主其事的索拉和阮潔都是愛書人，才會明知書店「微利」，仍義無反顧。店內有精挑的藝術類書籍、童書和暢銷書；可以坐在從清邁訂製而來的椅子上，品嘗一杯雲南曼老江精品咖啡莊園的咖啡，好整以暇地看一本書，度過一個完美的午後。

✉昆明市盤龍區北京路928號同德昆明廣場4樓 ☎871 6589 1305 🕐10:00～22:00 ➡搭乘地鐵2號線在白雲路站下車，從A出口出站即達同德昆明廣場

❶花生書店主人也是臺灣誠品書店的粉絲❷位於購物商場的書店，為過客提供一個靜下來翻翻書頁的機會

大象書店
多建築設計、中外文學、生活美學書籍

大象書店隱身於文化巷一角居民社區的地下車庫，由出身設計專業的店主夫妻自行設計店面，擺上DIY的家具，絲毫不見地下室的憋屈。書籍以建築設計、中外文學和生活美學居多，還有少數繁體字書。據說這裡的鎮店之寶是老闆收藏自1960年以來每一期的《國家地理雜誌》。店內附設咖啡空間，咖啡和甜點都很不錯，也會定期舉辦演講、讀書會等活動。

大象書店也是採書籍、咖啡、文具、沙龍的複合經營

✉昆明市五華區文林街文化巷4-6號地下室 7棟201號 ☎871 6589 5680 🕐10:00～23:00 ➡文林街轉入文化巷左手邊巷內 🗺P.113

漫林書苑

多雲南民族文化研究、外文書籍

漫林書苑是文化巷的老店，也是雲大學生，和在昆明求學、工作的老外熟悉的書店。來自江蘇的老闆原本從事醫療器械，1998年在雲南大學旁的文化巷開了漫林書苑。店裡的雲南民族文化研究書籍，和英文、法文、德文、日文、韓文等外文書十分豐富。朋友說：「漫林讓人覺得踏實，包括歷史、文化、雲南本土、手工……經典作品在這裡都找得到。」此外，不重視陳列的老店也跟上潮流，拓寬店面販售文創禮品、文具、生活雜貨，和完整的《孤獨星球》旅遊指南，吸引年輕族群駐足。

❶漫林也擴大經營店面和品項❷外文書籍豐富多元，是漫林的強項

✉昆明市五華區文林街文化巷52號附9-10號 ☎871 6551 6579 ◷09:00～22:00 ➡文林街轉入文化巷直行到底左轉20公尺 http www.mandarinbooks.cn ⅯⅯ P.113

麥田書店

樂手店主精挑主題書籍與唱片

麥田書店雖小，17平方公尺的店內僅能容兩三人轉身，但在昆明名氣不小，這

和店主馬力的堅持有關。馬力原為樂手，他以自己的興趣和品味挑選藝術、電影、音樂、設計等主題書籍和唱片，有興趣的朋友絕對不會空手而回。除了麥田書店，馬力在錢局街白雲巷17號還有一家「塞林格咖啡」，向《麥田守望者》(臺灣譯為《麥田補手》，作者譯名為沙林傑)致敬的含意自不待言。

✉昆明市五華區文林街文化巷，天君殿巷師大附小後門 ☎138 8819 3089 ◷12:00～20:00 ➡文林街轉入文化巷直行到底左轉，直行約100公尺右轉 ⅯⅯ P.113

橡皮書店

以特色拱門區分主題空間

轉悠翠湖周邊時，不妨按圖索驥找找橡皮書店，裡面有立體繪本、飾品、多肉植物、餐具、鋼筆……滿滿當當，堆砌出生活的豐富層次。橡皮書店有趣的不只是書，還有以拱門分割出來，一個個小小而有特色的陳列空間，有點像哈比人的小屋；各個空間都友善地放了椅子，似乎歡迎顧客坐下來翻翻書。

❶除了書籍，還陳列了很多生活雜貨❷橡皮書店以一個個小拱門區隔不同主題空間

✉昆明市五華區翠湖北路18-101號 ◷13:00～17:00 ⅯⅯ P.113

雲南映象

來雲南，你不可能會錯過楊麗萍瘦削的臉孔：從機場到市區，從鮮花餅到豪宅，處處有她的廣告代言。

來昆明，推薦欣賞楊麗萍的作品《雲南映象》。這齣大型民族歌舞每晚8點如期在雲南藝術劇院上演，從舞蹈、歌聲、服裝、舞臺設計都呈現了雲南獨有的民族活力，一如其英文名《Dynamic Yunnan》。

節目單上寫的「大型原生態歌舞集」所言不虛。舞臺上近百位演員七成來自雲南村寨的少數民族，天生就是「會走路就會跳舞，會說話就會唱歌」的業餘演員。演出過程的亮點包括：男男女女敲擊60面大鼓的震撼、花腰彝族吟唱高亢質樸的海菜腔，當然，最令人難忘的還是孔雀舞的靈動曼妙。90分鐘的演出後，對雲南及其少數民族會有新的理解和感動。

❶鼓是少數民族的代表樂器，也是《雲南映象》濃墨重彩的部分(照片提供／雲南楊麗萍文化傳播公司)❷舞臺上多彩炫麗的民族服飾是一大亮點(照片提供／雲南楊麗萍文化傳播公司)❸因為《雲南映象》，十年來雲南藝術劇院夜夜燈火通明

✉雲南藝術劇院：昆明市五華區東風西路132號 ☎871 6564 5165 ⏱20:00～22:00 💲甲票360元、乙票260元、丙票180元(130公分以下兒童免票) 🌐www.yunnanyingxiang.cn 🗺P.95

文化放大鏡

孔雀公主、國寶級舞蹈家楊麗萍

土生土長的白族舞蹈家楊麗萍，是雲南代表人物之一，特別是她創作的「孔雀舞」馳名中外。從《孔雀公主》、《雀之靈》、《雀之戀》，到新劇《孔雀之冬》，楊麗萍以其獨特的舞蹈語言，凸顯出代表雲南的孔雀神韻。

影響所及，楊麗萍在雲南幾乎無人不知，本地大小品牌都喜歡請她代言：她在大理雙廊的「太陽宮」和「月亮宮」吸引了大量遊客專程參觀；昆明翠湖旁她和妹妹打造的民族特色服飾品牌「孔雀窩」也陸續在國內開分店。楊麗萍文化傳播公司2014年上市，成為少數舞蹈演藝上市企業。

行家小提醒

這樣做，買票更划算

透過旅行社或線上購票，都比直接到售票口買票來得便宜，如180元的丙票，在淘寶網或美團售153元；另外，關注「楊麗萍藝術」微信公眾號(yanglipingart)，可享8.5折選座購票優惠。

高爾夫球之旅

很多臺灣朋友來雲南並不是因為這裡的好山、好水、好文化，而是奔著打高爾夫球而來。昆明溫泉高爾夫球會總經理翁仲君說，目前雲南營運的高爾夫球場有29個，數量居大陸第五，其中包括被評為亞洲第一的春城湖畔高爾夫球場，還有亞洲唯一的雪山球場、全球海拔最高球場之一的玉龍雪山高爾夫球場。

從臺灣來昆明工作多年的翁仲君表示，臺灣和雲南打一場高爾夫球的價格差不多(每場約700～1,000人民幣)；然而評判球場好壞重要指標為草坪品質和果嶺速度。昆明溫泉高爾夫球會和雲南其他球場果嶺速度常年保持在10～11(英尺／小時)，臺灣球場則為6～8 (英尺／小時)，差別可見一斑。臺灣朋友大多選擇6～9月來雲南打球，一方面可以體驗不同球場的魅

❶前往安寧打球，還可順道前往「天下第一湯」泡溫泉❷來雲南打高爾夫球，可健身、旅遊，順道品嘗在地美食(以上照片提供／昆明溫泉高爾夫球會)

力，同時還可以品嘗當令的野生菌或泡溫泉，一舉多得。

....

昆明溫泉高爾夫球會
✉安寧市溫泉鎮羊角村社區688號 ☎871 6863 3066 ⏰夏季07:00～20:00，冬季08:00～19:00 💲平日750元／18洞／人，假日880元／18洞／人 🌐www.yngolf.com 🗺P.94

行程安排

翠湖滇池2日遊

Day1 翠湖公園 → 陸軍講武堂 → 雲南大學 → 文化巷 → 西南聯大舊址 → 昆明老街 → 金馬碧雞坊 → 晚上觀賞《雲南映象》

Day2 滇池索道 → 西山龍門景區 → 海埂公園 → 雲南民族村

翠湖石林2日遊

Day1 翠湖公園 → 陸軍講武堂 → 雲南大學 → 文化巷 → 滇池周邊 → 晚上觀賞《雲南映象》

Day2 石林或九鄉1日遊 → 金馬碧雞坊

翠湖滇池3日遊

Day1 翠湖公園 → 陸軍講武堂 → 雲南大學 → 文化巷 → 西南聯大舊址 → 晚上觀賞《雲南映象》

Day2 滇池索道 → 西山龍門景區 → 海埂公園 → 雲南民族村

Day3 石林或九鄉1日遊

翠湖石林3日遊

Day1 翠湖公園 → 陸軍講武堂 → 雲南大學 → 文化巷 → 西南聯大舊址 → 晚上觀賞《雲南映象》

Day2 石林或九鄉1日遊

Day3 金馬碧雞坊 → 昆明老街 → 雲南省博物館 → 官渡古鎮 → 斗南花市

圖片提供／九鄉旅遊區

推薦餐廳

建新園

昆明歷史最悠久的米線店

創立於1906年的建新園，是昆明歷史最悠久的米線店，理所當然高掛唯一「中華老字號」米線的招牌。如今建新園也開起連鎖店，昆明一地至少有30多家門店，品質參差，建議去寶善街總店或景星街老店才不致失望。

過橋米線依配菜內容組合而價格不同，從18元起跳，最豪華的一套120元。飯後可來一杯雲南特有的糖水「木瓜水」，臺灣朋友一定納悶怎麼遍尋不著木瓜？其實，這是將假酸漿草籽在水中浸泡搓揉出膠質，加石灰水靜置後凝固而成的，口感和臺灣的愛玉類似，加上濃濃紅糖汁，別有風味。

✉ 昆明市寶善街195號、景星街127～134號 ☎ 871 6318 6320 ⏰ 06:30～21:00 💲 過橋米線18元起 🗺 P.95

❶夏天來一碗涼米線，酸滑爽口❷「木瓜水」這道糖水似乎成了米線店的基本搭配❸位於寶善街的建新園經常大排長龍

端仕小鍋米線

推薦必吃招牌鹵餌絲

位於文林街上的端仕小鍋米線也是知名老店，招牌是「鹵餌絲」。據傳創始人翟永安做飯時抱著水煙筒抽煙，忘了爐子上煮著餌絲，結果沒想到餌絲吸收了湯汁，反而味道更濃郁鮮美，誤打誤撞成了招牌菜。個人嘗過鱔魚米線，裡面有鱔魚和「葉子(豬皮晾乾後油炸，再以溫水泡發切成條狀)」多種食材配料，口感層次更顯豐富，但湯頭偏鹹偏辣。

✉ 昆明市五華區文林街74號 ☎ 871 6531 2908 ⏰ 07:00～23:00 💲 米線18元起 🗺 P.113

❶鹵餌絲是端仕的招牌，推薦嘗試❷廚房裡熱火朝天，一刻不停歇❸端仕小鍋米線是昆明老字號❹鱔魚米線屬於米線裡的豪華版本，怕辣者止步

石屏會館
在百年老宅裡嘗鮮

翠湖邊有不少特色餐廳和異國料理，其中，石屏會館頗受遊客青睞，主要是因為一進三院、古色古香的建築和用餐氛圍。老宅始建於清乾隆年間，迄今已有200多年歷史，後經雲南唯一狀元袁嘉谷組織重建，作為學生、商賈暫居昆明之地。其實這類由老房子改造的餐廳在昆明、大理和麗江都不算稀罕，只因坐落翠湖邊而稍顯突出。主推石屏豆腐、宣威火腿、汽鍋雞、涼米線等滇味料理，服務一般，消費較高。

❶和街邊烤豆腐相較，石屏豆腐屬於大家閨秀版本❷黑黝黝的瓦片襯托了油光四射的火腿，頓時食慾大開❸一片火腿配一碗飯，也是享受❹來雲南，一定要經常在院落用餐，享受此地獨有的天光和好空氣

✉昆明市翠湖南路中和巷24號 ☎871 6362 7444 🕐11:00～13:30，17:00～22:30 💲每人平均消費80元 🗺P.113

1910火車南站
彷彿於百年前的火車站用餐

不只是吸引觀光客的主題餐廳，1910火車南站餐廳的環境和菜品都具一定水準。1910年正是滇越鐵路通車的年代，位於滇越鐵路昆明火車南站原址對面的法式建築，正是餐廳所在。室內以薄荷綠牆面和歐風家具為主，陳列了與滇越鐵路相關的實物和歷史照片，營造出仿如置身於百年前火車

站用餐的氛圍。菜品以傳統雲南菜為主，筆者推薦金條稀豆粉、汽鍋雞、麻辣豬手、玫瑰乳扇卷等招牌菜。

✉昆明市後新街8號 ☎871 6316 9486 🕐11:00～14:00，16:00～21:00 💲每人平均消費70元 ℹ因裝修搬遷至昆明市前衛西路公園1903香街1棟，用餐前請去電確認 🗺P.95

❶麻辣豬手(豬蹄)和一般紅燒、清燉的口味截然不同❷餐廳原址裝修，新店在「公園1903香街1棟」繼續營業❸清淡的稀豆粉搭配酥脆的炸油條，口感特別❹和一般中餐廳迥異，室內融合了濃濃的殖民風格❺進入時節，滇菜餐廳都推出爆炒野生菌的時令菜品

福照樓

《舌尖上的中國》推薦餐廳

　　為了拍攝汽鍋雞，專程前往昆明火車站旁的福照樓。因紀錄片《舌尖上的中國》的推薦，前來用餐的人多半是慕名而來的觀光客，排隊叫號，等候很久。汽鍋雞倒沒有讓人失望，但其他菜肴卻不如一般滇菜館。大概是遊客生意做多了，沒有什麼服務品質可言。

✉ 昆明市官渡區北京路98號錦江大酒店1樓 📞871 6355 6858 🕐10:30～22:00 💲每人平均消費60元 ➡過環城南路與北京路交叉口，往火車站方向直行200公尺 ℹ5人以上可訂位 MAP P.95

❶被媒體炒作的汽鍋雞品質穩定，但無驚豔❷「浩然正氣」汽鍋雞正是福照樓的招牌❸因《舌尖上的中國》推薦，福照樓經常需排隊候位

怡得飯莊

在「一顆印」民居建築裡嘗滇味菜

　　位於官渡古鎮裡的滇味家常菜餐廳，是略帶歷史感的「一顆印」民居建築，用餐環境相當有特色。特別推薦乾巴菌炒空心菜、脆皮大燒、摩登粑粑等菜色；由石榴花、攀枝花(木棉花)、茉莉花、核桃花和松尖(松樹的嫩葉)一起炒的「五朵金花」尤為特別，充分體現以花入菜的滇菜特點。

✉官渡古鎮九轉花街A2號 📞871 6718 7866 🕐09:00～21:00 💲每人平均消費50元

❶五朵金花可謂以花入菜的代表❷推薦牛肝菌炒空心菜，兩樣看似不搭的食材意外合拍❸摩登粑粑是必點麵點❹位於官渡古鎮的怡得飯莊古色古香

文化放大鏡

什麼是一顆印

　　「一顆印」是雲南中部、特別是昆明獨有的民居特色。主要由正房、廂房、倒座(與大門同側、與正房相對的房屋)組合的四合院，中間有一個小天井，外有高牆和小窗(或無窗)。由於建築平面和外觀都方方正正，因而得名「一顆印」。

飛虎樓

特色菜肴「飛虎戰鬥雞」

這應該是全世界唯一以「飛虎隊」為主題的餐廳吧！1941年，宋美齡建議由美國空軍飛行教官陳納德組建「空軍自願援華航空隊」援助對日抗戰，也就是我們熟悉的「飛虎隊」。飛虎隊租用歐式風格的5層洋房，作為開辦民用航空公司，因而得名「飛虎樓」。2006年，此處被昆明市人民政府公布為「昆明歷史文化遺產保護建築」。

一進餐廳就可看到

❶餐廳裡以偌大的模型飛機裝飾，也只有飛虎樓才有 ❷美國空軍飛行教官陳納德是臺灣朋友熟悉的人物 ❸餐廳所在的建築物正是飛虎隊在昆明租用的辦公室

3層樓高的天井懸掛1架飛虎隊主力P40型戰鬥機模型，菜單上也有「飛虎戰鬥雞」的招牌菜與之呼應，服務員身著軍裝，餐廳也展示相關歷史照片。

✉昆明市祥雲街45-48號 ☎871 6316 9788 🕐10:30～21:00 💲每人平均消費80元 MAP P.95

滇和食府

滇池邊飄香的滇味菜

如果前往雲南民族村、西山景區、滇池、海埂大壩等地遊覽，附近的滇和食府是不錯的選擇。老闆肖和坤在麗江、昆明從事餐飲多年，對自家的菜品頗有信心。推薦汽鍋雞、酸菜魚、牛乾菌燜飯、乾巴菌炒飯、高原厚乾巴、水醃菜拌大燒(傣味烤肉)。

❶位於滇池邊的別墅區，滇和食府主營滇菜多年 ❷皮脆肉香的火烤五花肉搭配特製醃菜，「水醃菜拌大燒」爽口不膩 ❸把草魚去骨片薄的酸菜魚，魚肉細滑沒有土腥味 ❹做工繁複的千張肉肥而不膩，是一道傳統滇味 ❺汽鍋雞

✉滇池度假區紅塔西路22號 ☎871 6858 2379 🕐09:00～21:30 💲每人平均消費70元

先鋒人民公社大食堂

「共產主義大鍋飯」另類體驗

臺灣人對文化大革命或人民公社的歷史比較陌生，不過，「先鋒人民公社」的用餐環境、餐廳氛圍、寫滿標語的搪瓷杯、戶外放著老電影……在在營造出人民公社的復古情懷，更像是「紅色主題餐廳」。

餐廳主打滇味、川味家常菜，如宣威小炒肉、石屏烤豆腐、勐海烤雞、黃燜雞等。如有計畫前往官渡古鎮、省博物館、斗南花市，推薦順路到人民公社感受一下「共產主義大鍋飯」的別樣用餐感受。

📧 昆明市官渡區季官路官南城，官渡區政府後側 📞 400 699 1919 🕐 10:00～21:000 💲 每人平均消費30元

❶許多人喜愛涼拌折耳根，但也有人受不了特殊的味道❷「小炒肉」是雲南最道地的家常菜❸對臺灣人來說，人民公社十分陌生，但復古懷舊、人聲鼎沸的用餐環境肯定印象深刻❹料多實在的炊鍋得提前預訂

包敏手抓飯

挑戰傣味手抓飯

「泡魯達」是傣族特有的甜點

由於少數民族眾多，昆明美食五花八門，「傣味手抓飯」尤其值得一試。在大片的芭蕉葉上布滿了葷素菜肴，如鬼雞、烤肉，多樣的食材和色彩，一看就令人食指大動。用餐時用手一次次抓取適量的飯和菜，在手中捏成飯糰後送進口中，這種「手抓飯」的形式和印度人用餐習慣相似，只是印度人嚴格規定用右手進餐，傣族沒有這種講究。

手抓飯有2人份、3人份、4人份，菜色都是固定搭配好的，無法調整。傣族嗜辣，而且是超辣的小米辣，只有少數不辣的菜色。傣族甜點「泡魯達」以西米露加上椰子絲，淋上煉乳，上面撒著幾塊特製麵包塊，口感近似泰式甜點。

📧 昆明市五華區文化巷53號(雲大賓館正對面院內) 📞 188 0888 6960 🕐 11:00～22:00 💲 每人平均消費30元 ➡️ 文林街轉入文化巷直至雲大賓館對面 🗺️ P.113

行家小提醒

可選擇使用消毒或一般餐具

在大陸餐廳用餐，店家經常提供以塑膠膜包裹的茶杯、酒杯、碗碟餐具組合，美其名是「消毒餐具」，實際上餐具如何清潔消毒，消費者不得而知，大多數的本地朋友還是會不厭其煩逐一以熱水漂洗餐具。結帳時每份消毒餐具會加收1～3元，若不想使用消毒餐具，用餐前可要求餐廳提供一般餐具。若餐廳拒絕，可向當地消費者協會投訴。

雲南不少小吃店不提供免洗餐具，還是以煤球爐蒸煮消毒筷子

文林街特色咖啡店

■ 薩爾瓦多咖啡館

外國遊客心目中的「昆明最佳咖啡館」

　　想體會昆明少見的異國情調，文化巷是首選，而薩爾瓦多咖啡館是第一站。與其說它是一家咖啡館，還不如說它是文化巷的一道恆久的風景，露天座位上永遠有三三兩兩老外的背影，店內的對話英文多於中文，難怪被外國遊客票選為「昆明最佳咖啡館」。這裡提供各國啤酒、有機咖啡，也使用本地生產包裝、無公害、無添加的農副產品，包括優酪乳、乳酪、牛肉、全麥製品等。

✉ 昆明市五華區文林街文化巷76號　☎ 871 6536 3525　🕐 09:00～23:30　💲 每人平均消費40元　➡ 文林路轉文化巷右手邊10公尺處　http www.salvadors.cn　MAP P.113

■ Morning Coffee

咖啡圈人士的集散地

　　Morning Coffee的老闆來頭不小，本職是設計師的他曾獲三屆世界盃咖啡師大賽(World Barista Championship)雲南賽區冠軍，算是雲南咖啡圈裡一號人物。因其咖啡師的身分，小小的「早安咖啡」更像是一個咖啡實驗室。老闆和咖啡圈人士在此嘗試不同的咖啡豆或不同加工方法，儼然是業界聚會交流的場所。

✉ 昆明市五華區文林街天君殿14號　☎ 186 6917 1500　🕐 08:00～19:00　💲 15元起　➡ 麥田書店旁　MAP P.113

光宗三號

當地大學生與文青的最愛

　　位於文化巷旁光宗巷的「光宗三號」咖啡店，是在昆明新竄起的網紅，頗受附近大學生和文藝青年青睞。鬧區裡難得一見的老房子，幾個對咖啡充滿熱忱、並在大

賽中獲獎的年輕咖啡師合作，企圖打造昆明最好的精品咖啡店。店內陳列很有小清新文藝風格，提供義式咖啡和單一產地精品手沖咖啡，並有售自家烘焙的咖啡豆。

✉ 昆明市五華區文林街光宗巷3號　☎ 871 6533 8312　🕐 11:00～24:00　💲 每人平均消費30元　MAP P.113

住宿情報

照片提供／昆明洲際酒店

昆明住宿首要考慮地點和交通便利。例如以遊覽景點為主，可選擇翠湖、金馬碧雞坊或滇池附近。若只是經轉昆明，次日前往下一個目的地，可考慮機場或火車站附近的住宿。但有媒體報導訂房網站上少數酒店定位在機場附近，實則距離機場十幾公里，消費者入住才發現上當，訂房前要仔細研究地理位置或致電確認。

昆明洲際酒店 ·高價奢華·

2013年開業的五星級酒店，有500間客房；坐落滇池邊，海埂大壩、雲南民族村、西山森林景區近在咫尺，距機場40分鐘、市區20分鐘車程。酒店占地廣大，為昆明難得的度假酒店氛圍，訂房時建議含自助早餐，豐盛多元且具地方特色。

✉ 昆明市滇池國際旅遊度假區怡景路5號　☎ 871 6318 8888、400 886 2255　$1,000元起　http www.intercontinental.com

❶昆明不乏五星酒店，不過不少朋友偏愛洲際酒店絕佳的地理位置和濃濃的度假氛圍❷多數客房附有超大陽臺可俯瞰滇池（以上照片提供／昆明洲際酒店）

昆明索菲特大酒店 ·高價奢華·

法國雅高集團旗下奢華型酒店索菲特，落腳於219.3公尺的昆鋼科技大廈。2015年開業的酒店，共有400間客房，強調融合現代法式優雅和本地獨有的少數民族風情；49樓和50樓設有餐

廳，可360度俯瞰春城夜景，也可品嘗泰國、寮國、緬甸等東南亞特色美食。

✉ 昆明市環城南路777號　☎ 871 6863 9888　$900元起起　http www.accorhotels.com　MAP P.95

❶位於昆明高樓的索菲特大酒店獨享「昆明酒店No.1的視野」❷客房融合異國和民族情調（以上照片提供／昆明索菲特大酒店）

翠湖賓館

·高價奢華·

已有一甲子歷史的翠湖賓館一直是昆明高端住宿首選，其中B座大堂和近300間客房是由貝聿銘指導設計的；1956年開業，2009年重新裝修，

是西南地區第一個提供管家服務的高端酒店，曾被富比士評為「中國最優商務酒店」，其貴賓名單包括伊莉莎白女王二世。位處翠湖公園旁，地理位置極佳，步行可達附近景點。

❶作為昆明歷史最悠久的經典酒店，餐飲也精緻多元❷翠湖賓館地點之優越，其他酒店難以企及❸伊莉莎白女王亦曾下榻於翠湖賓館（以上照片提供／翠湖賓館）

✉昆明市五華區翠湖南路6號 ☎871 6515 8888 💲1,000元起 http www.greenlakehotel.com.cn MAP P.113

銀櫃精品酒店

·高價奢華·

位於昆明老街的銀櫃精品酒店由著名商號「福春恒」舊址改建而成。「福春恒」為清末曾任貴州總督的蔣宗漢創辦，1924年，其後人在昆明現址蓋了「福春恒」總店，為傳統白族建築，在三坊一照壁、四合五天井中融入異國裝飾，

❶客房以中式風格為基調，融入Art Deco的家具(照片提供／銀櫃酒店)❷走的是高端路線，酒店的大門不輕易敞開❸銀櫃以宅院坐落的街道命名

為保存最完好的清末民初老昆明建築。銀櫃酒店於2015年開業，有15間低調奢華客房。

✉昆明市五華區人民中路正義坊錢王街16號 ☎871 6813 5777 💲1,000～4,000元 http www.silverchesthotel.com MAP P.95

蘅芷院精品酒店 ·特色風格·

2016年開業的蘅芷院精品酒店位於滇池度假區內，雲南民族村和海埂大壩都在步行距離。號稱雲南保存完好的大理白族風格院落群，最大程度保留未改建前的架構，經過現代設計後，把6個獨立院落打造26間客房，其中一南一北的繡樓套房尤為精緻。

✉ 昆明市滇池旅遊度假區民族北村3號(近民族村北門售票處) ☎ 871 6431 6655 💲 850元起

匠盧·藝宿精品酒店 ·特色風格·

2015年開業的匠盧·藝宿精品酒店以工業廠房改建而成，15間客房具有強烈的LOFT工業風格，裸露的鋼筋大梁、金鋼砂水泥地面，大量運用玻璃、鋼材營造一個特別的居住空間。

✉ 昆明市滇緬大道昆建路5號(108智庫空間) ☎ 871 6537 2288、183 8849 1961 💲 400～900元 🅼 P.95

❶大地色的空間溫暖舒適❷沒有一味向冷冷的工業靠攏，房間色彩紛呈（以上照片提供／匠盧藝宿精品酒店）

橄欖公社1966 ·特色風格·

橄欖公社是大陸第一個眾籌酒店品牌，2016年將其概念型文創民宿複製到昆明。

這裡原為昆明市機床廠廢棄廠房，因最老的建築可溯自1966年而取名「橄欖公社1966」。

3層樓24間客房都是以耳熟能詳的書來命名：《小王子》、《老人與海》、《源氏物語》、《挪威森林》……房間設計貼近著作主題，算是昆明獨樹一幟的主題住宿。

✉ 昆明市盤龍區鼓樓街24號 ☎ 871 6569 1966 💲 300～600元 🅼 P.95

❶以看似古董的物件打造《色戒》裡的老上海氛圍❷王佳芝與易默成相遇的「色戒」客房❸院內有間24小時不打烊的「不信書店咖啡館」

139

昆明書林別院 ·特色風格·

　　在熱鬧的書林街、東寺塔旁，有百年歷史的2層洋樓精品民宿。「書林別院」僅有5間客房，極具東南亞情調，客房細節處可見用心，環境鬧中取靜，算是位於昆明特殊的住宿選擇。

📧昆明市西山區書林街59號 📞871 6355 6065 💲800～1500元 🗺️P.95

❶與其說是南洋風格，木葉窗和搖曳的布幔似乎更顯殖民地的慵懶情調 ❷由一幢荒廢多時的老洋樓改造成的民宿 ❸客房簡單大氣，足見主人品味(以上照片提供／書林別院)

全季昆明正義坊酒店 ·經濟實惠·

　　全季酒店是大陸中端商務連鎖酒店品牌；在昆明有4間店，其中正義坊酒店位置較特別，前身是昆明人民電影院，1942年建成，1988年拆除重建，2013年停業後改建為酒店。位於市中心，出行十分方便。

❶全季酒店正義店500公尺內有文廟、昆明老街和熱鬧的南屏步行街 ❷酒店和客房設計自然簡潔 ❸客房房價在200～300元間，評價不錯

📧昆明市五華區正義路111號 📞871 6813 0888 💲239元／2床標準房 🌐www.huazhu.com 🗺️P.95

傾城國際青年旅舍 · 經濟實惠 ·

由資深背包客開設的青年旅舍，因其地理位置極佳，距離翠湖及周邊景點僅有幾百公尺，成為人氣最旺的青年旅店之一。提供免費上網、撞球、桌球、酒吧、洗衣、行李寄存等服務，3樓有偌大的公共空間，尤受外國背包客喜愛。

✉昆明市五華區華山西路92號 ☎871 6337 8910 💲50元／床位，180元／2床標準房(YHA會員可優惠5～10元)➡於長水機場搭乘空港1號線至西驛酒店站下車後搭計程車前往；若搭火車抵昆明，旅店可安排免費接送至客棧 http國際青年旅舍中國網www.yhacina.com MAP P.113

❶客棧裡有很多公共空間供人使用❷傾城國際青年旅店是國內外背包客停留昆明的首選❸房價淡旺季不同，暑假得提早訂房

一丘田七號客棧
(Lost Garden) · 經濟實惠 ·

一丘田七號客棧為外國背包客推薦「昆明最佳家庭旅館」，是由2棟老房子歷時1年半的改造而成，整體設施家常、簡單。地理位置佳，距離翠湖周邊景點很近。另外，客棧的早午餐很有名，因生意太好而索性在正義路上、人民電影院的舊址開起「玩啤餐吧」。

✉昆明市五華區翠湖南路黃東公街一丘田7號 ☎871 6511 1127 💲50元／床位，228元／2床標準房(YHA會員可優惠5～10元) http lostgardenguesthouse.com MAP P.113

❶一丘田客棧的客源有九成是外國觀光客❷昔日一丘田陽臺上的早午餐很有名❸除了上下鋪的床位，也有舒適客房

大理

慢活悠閒，大陸旅客玩樂首選

大理昔日是極度風光的旅遊城市，但大地震後重建的麗江後來居上，讓大理沒落了一段時間。不想麗江過度商業化，許多人捨麗江而選擇氣候風景宜人、物價房價相對合理的大理暫居或定居；再加上環遊洱海成為境內旅遊新時尚，大理近年逆勢竄紅，成為大陸年輕人或家庭遊的熱門首選目的地。

大理速寫

面　　　　　積：29,459平方公里
常　住　人　口：358萬人
平　均　海　拔：2,000公尺(大理市)
氣　　　　　候：低緯度高原季風氣候
年　　均　　溫：15℃
年 觀 光 客 人 數：3,859萬人(國內遊客占97%)
年 旅 遊 收 入：534億人民幣
大理旅遊投訴電話：872 212 1246

照片提供／鄭林鐘

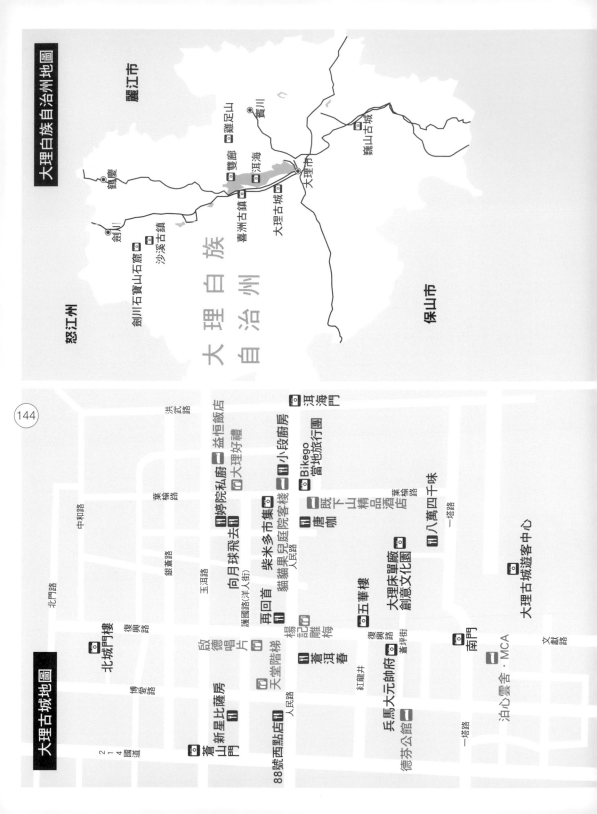

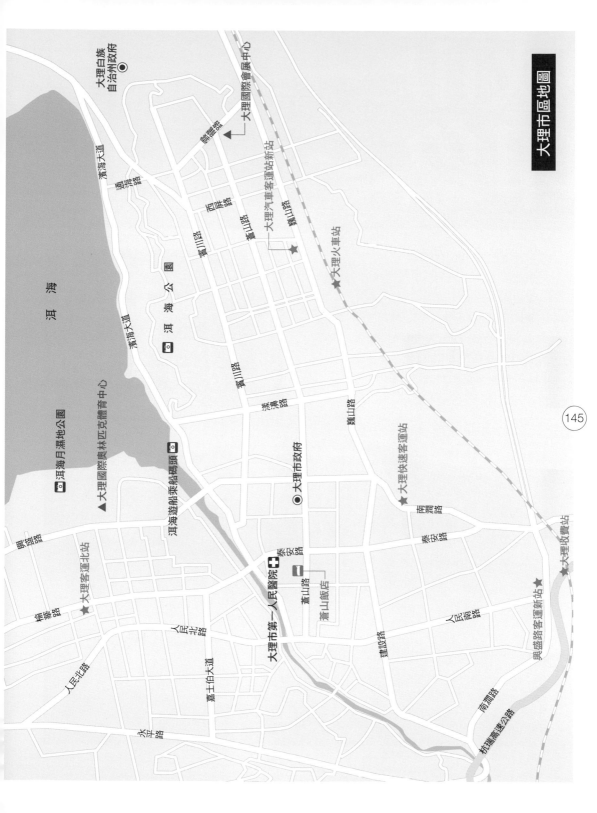

大理白族
自治州政府 ◉

大理國際會展中心

← 前澗路

濱海大道

洱海路

西屏路

賓川路

賓川路

賓川路

蒼山路

大理汽車客運站

魏山路

★ 大理火車站

洱海公園

洱海 ◙

洱海

濱海大道

漢澤路

魏山路

◙ 洱海月濕地公園

▲ 大理國際奧林匹克體育中心

洱海遊船乘船碼頭 ◙

◉ 大理市政府

★ 大理快速客運站

南潤路

泰安路

興盛路

★ 大理客運北站

樓華路

◉ 大理收費站

人民北路

◆ 大理市第一人民醫院

泰安路

蒼山路

蒼山飯店

建設路

人民南路

★ 興盛路客運新站

人民北路

嘉士伯大道

永平路

南澗路

杭瑞高速公路

(145)

城市印象

照片提供／張耀

我承認，我對大理有偏見。

麗江住了7年，昆明待了5年，大理也許是下一個樓居目的地。

無關金庸的《天龍八部》，無關徐錚、黃渤的電影《心花路放》，也無關郝雲的《去大理》或大陸導演張楊的微電影《生活在別處》……只因為來去大理多回，從未心生厭倦。

信仰虔誠的居民，對外來人口較為包容(照片提供／張耀)

白族注重傳統文化傳承(照片提供／張耀)

❶大理的蒼山、洱海和光影變化，總讓人不忍移開目光❷以黑白色系為主的白族民居，和色彩繽紛的彩繪毫無違和❸人來人往的人民路商業氛圍中，還有股家常的親切❹家家流水，戶戶茶花，茶花是白族庭院少不了的嬌客(照片提供／張耀)

慢活從容的小城

　　昔日麗江總被貼上「慢活」的標籤，然而我卻覺得，大理難得保留了這種慢活況味，重要的是，他們不會掛在嘴邊大聲嚷嚷。

　　老舍在《滇行短記》中提到他匆匆路過大理的印象：「城中看不出怎樣富庶，也沒有多少很體面的建築，但是在晴和的陽光下，大家從

從容容做著事情，使人感到安全靜美。」這個畫面和70多年後的今天並無二致。

　　在步履匆忙的遊客、喧鬧叫囂的商販環伺包圍下，大理人似乎不為所動、心平氣和地過自己的小日子。儘管很多人對大理古城頗多微詞，我還是特別喜歡那種過度觀光氛圍下的家常味道，好像一不小心走入別人的生活，窺見晾曬在院子裡的衣服、斜倚在竹椅上昏昏欲睡的人影……

　　「來我家閒！」是大理人掛在嘴邊的問候語，「閒」是他們的生活心態，閒情逸致的慢生活，也吸引來自各地的遊客和移民。

獨享「風花雪月」
白族文化影響深遠

　　這份從容何而來？一方水養一方人，位處低緯度亞熱帶，年溫差小，沒有酷暑和嚴寒，是適合人類生存的環境。4,000年前蒼山洱海

沙溪古鎮是現今保存最完好的茶馬古道市集(照片提供／鄭林鐘)

之間的土地，就有人類生活的記錄。「下關風，上關花，蒼山雪，洱海月」，生活在大理獨享「風花雪月」，怎麼不讓人心平氣和？

「大理」就地名來說可分3個層面：大理白族自治州、大理市和大理古城。大理州面積約2.94萬平方公里，人口有358萬人(少數民族占半數)，每3個人就有1個是白族人，是雲南省唯一的白族自治州，其下轄有大理市和11個

傳統白族民居飽含低調的美感(照片提供／鄭林鐘)

縣。一般觀光客主要在大理市遊玩，其中包括大理古城、蒼山、洱海和環海沿線村鎮等。

此地的村落很有昔日臺灣農村的質樸感，村落必有廣場、戲臺、本主廟和數人合抱的大榕樹，喜洲古鎮口的榕樹就有400年的歷史。白族人民的生活情趣，從他們居住的房屋庭院即可窺見一二。「三房一照壁」、「四合五天井」是白族民居特色，院落和照壁畫了山水、花鳥、蟲魚、詩詞，門窗雕花也極為講究。

政經發展中心，文化宗教興盛

從地理位置來看，大理正位於「南方絲綢之路」、「蜀身毒道」、「茶馬古道」交會處。漢武帝時，民間就開通從四川出發經雲南到緬甸、終點是印度(即身毒)的「蜀身毒道」，分南道和西道，兩條路線都在大理會合，再往印度走，連貫成南方絲綢之路。另一條通往西藏

穿著傳統民族服飾的白族婦女(照片提供／張耀)

大理劍川石寶山石窟有「西南敦煌」美譽，見證南詔、大理國的輝煌歷史(照片提供／劍川縣旅遊委)

的茶馬古道，也必經大理，來自四方的商賈、驟馬車隊、眼花撩亂的交易物品匯聚在此。近代，發家致富走向世界的喜洲幫、鶴慶幫都是出自於此。

歷經南詔國、大理國的首都，5個世紀的文化洗禮，大理一直是雲南地區政治、經濟、文化中心。特別是南詔國和大理國被稱為「妙香佛國」，大理國22個皇帝中，有10位在崇聖寺出家為僧(其中1位是被逼退位為僧)，這些皇帝歲歲建寺，鑄佛萬尊。崇聖寺和三塔，與峨眉、五台、九華、普陀並列佛教名山的雞足山都在此地，宗教成為老百姓的普世價值，民眾信仰虔誠，相對包容和善。

蘊含特殊魅力
吸引「新移民」湧入

昔日蒼山山腳下有個「臺灣村」，當年在此創業或退休的臺灣人或已垂暮，或搬回臺灣。儘管「臺灣村」已成往事，然而這些年，大理吸引了大批名人移居到此或置產。王菲、趙薇早早就在此買房；舞蹈家楊麗萍在雙廊建起了「月亮宮」和「太陽宮」、執導《岡仁波齊》的導演張楊在雙廊也有間「歸墅」、來自臺灣的畫家韓湘寧也長住才村碼頭的「而居當代

美術館」……藝術家、歌手、詩人、作家、導演、藝術家，都樂於被貼上大理「新移民」的標籤。

筆者因緣際會在洱海邊巧遇臺灣作家張德芬，很早就在大理置產的她坦言，喜歡此處的文化底蘊和宗教信仰，還有這裡某種特殊能量，吸引磁場相近的各路人馬在此聚合。

大理，也許正是這樣一塊奇妙的磁石，吸引旅人或長或短地在此停留。

在地觀察

大理人眼中的大理

「大理是不可複製的」，在背倚蒼山、面朝洱海的一個小院裡，大理人民廣電臺臺長陳靜談及家鄉：「我們有蒼山、洱海、巍山、喜洲、沙溪……大理人生活在一個超大景區，但我們對於周邊人事物不會另眼相看。」她認為，這種包容是維繫於城市和鄉村之間，歷史和現代之間，原住民和新移民之間的……不管是名人、還是普通人，大理人既不排斥也不崇拜，因為藍天白雲，蒼山洱海，是大家共有的。

「在這偌大的風景裡，只要用心發現，必能找到一個屬於自己的角落。」陳靜相信，無論遊客來或不來，10年前來，還是10年後來，大理依然不變，也許正是大理獨有的魅力。

城市交通

照片提供／鄭林鐘

從其他城市到大理

昆明 → 大理

飛機

　　昆明長水機場每天有多個航班飛大理，航程約50分鐘。單程票1,300元，再加上兩地機場交通費，所耗金錢和時間相對較高。

(150)

客運

1. 在昆明長水機場搭乘空港快線大理專線：長水機場←→大理古城，每天8班，236元／人。
2. 在長水機場搭乘919機場大巴(每人25元，車程30分鐘)到昆明西部客運站，換搭長途客運(160元／人，車程5小時)或多人共乘(150元／人，車程3.5～4小時)，前往大理市或大理古城。

火車

　　在昆明火車站搭火車(硬座64元，硬臥103元，車程5～8小時)前往大理火車站。

高鐵

　　昆明到大理的高鐵預計2018年通車，屆時車程只需2小時。

麗江 → 大理

客運

　　麗江客運站每天有多班車到大理，70元／人，車程約3小時。

火車

　　在麗江火車站搭火車(硬座34元，硬臥78元，車程約1.5～2.5小時)前往大理火車站。

計程車

　　多人共乘80元／人，包車400元。

大理機場、火車站和主要客運站都集中在下關(照片提供／張耀)

市區交通

　　除了公車、計程車、網約車之外，還可搭乘景區直通車暢遊大理。

景區直通車

　　大理旅遊景區直通車推出大理古城←→雙廊、大理火車站←→雙廊、喜洲古鎮←→雙廊、大理機場←→大理古城、大理火車站←→機場等路線；還有大理蒼洱、雞足山、巍山等景點1日遊的行程。直通車套票的往返期限是7天，並可在遊客中心免費寄存行李。只要在古城南口、機場和火車站找尋「大理旅遊景區直通車」的標誌，詢問購票即可。

計程車

　　大理市約有800輛計程車，遊客可善加利用。

📞 大理市計程車監督電話：872 212 8951
💲 白天起步價8元，夜間起步價10元(22:00～06:00)，起步里程3公里，之後每500公尺加收1元。免費等候5分鐘。

公車

　　遊客主要利用公車往來下關和大理古城之間。公車營運時間是06:30～21:30(個別路線例外)，票價1～3元不等，上車投現，需自備零錢。以下是常用的公車路線：

❶大理公車為上車投現，記得自備零錢❷古城適合散步，也有電動車、三輪車……各種交通工具穿梭❸計程車數量有限，利用網約車出遊可能較為方便

路線	起訖站	票價	營運時間
8路	火車站←→古城西門(風花雪月酒店)	2元	06:30～20:30
19路	文獻樓←→三塔公園	1元	06:30～21:30
古城C2路	大理學院←→才村碼頭	1.5元	06:30～19:00
三塔專線	火車站←→三塔公園	單層公車2元 雙層公車3元	06:30～19:30

聯外交通

飛機

大理機場位於下關東12公里，距離大理古城25公里。現有直飛昆明、西雙版納、北京、南京、上海、杭州、深圳、成都、重慶、廣州等地的航線，欲前往其他城市，得在昆明轉機。

> **大理機場(DLU)**
>
> ✉ 大理市機場路
>
> ☎ 872 242 8922
>
> ⏰ 05:30～航班結束
>
> ➡ 1.機場大巴：機場←→蒼山酒店(08:15、12:00)，蒼山酒店←→機場(07:00、11:00)
>
>   2.大理旅遊景區直通車：大理古城遊客中心←→大理機場(09:00～17:00，35元／人)
>
>   3.計程車：從大理古城到機場約100元

乘火車或巴士到達下關後，需轉乘其他交通工具至大理古城(照片提供／張耀)

大理火車站位於下關，距離古城16公里

火車

大理←→昆明每天有9班對開列車，2趟白班、7趟夜班，車程約7～8小時。大理←→麗江每天有8班列車，車程約1.5～3小時，均為空調快車。

> **大理火車站**
>
> ✉ 大理市巍山路261號
>
> ☎ 12306、95105105(中國鐵路客服中心)
>
> ➡ 搭乘1、5、7、8、10、13、16、17路公車可達
>
> 🌐 www.12306.cn
>
> 🗺 P165

搭乘客運大巴，沿途有別樣風光(照片提供／鄭林鐘)

❶大理古城代步工具五花八門❷公路沿線風景不同，交通標識也大異其趣，圖中是載有牲口的貨車停車處指標 (照片提供／鄭林鐘)❸租用電動摩托車出行方便，須注意行車安全

客運

	大理興盛路客運站新站(原大理西南客運站)	大理客運北站	大理快速客運站	大理汽車客運站新站(東站)
地址	下關風車廣場西	下關榆華路30號	下關龍溪路東口(近南潤路)	大理巍山路150號
電話	872 212 5502	872 229 2203 872 225 8724	872 212 8922	872 212 3436 872 232 8208
班車資訊與票價	下關→昆明 07:50～19:30每35分鐘1班車，137元／人或145元／人(依車型不同)	下關→昆明 09:00～17:30每1～2小時1班中巴，127元／人 下關→麗江 06:45～13:00每15分鐘1班車；13:20～18:10每30分鐘1班車，中巴：65元／人，大巴：74元／人 下關→香格里拉 06:30～12:00每30分鐘～1小時1班車，106元／人；18:30臥鋪車，94元／人 下關→雙廊 08:05～15:40每35分鐘1班車，16元／人	下關→昆明 08:00～18:00每小時1班中巴，127元／人；每天2班臥鋪車：20:00、22:00，125元／人 下關→麗江 每天3班高快車：08:30、13:30、16:30，80元／人 下關→雞足山 每天3班車：08:00、09:00、10:00，30元／人	下關→昆明 每天2班中巴：09:55、11:35，137元／人；每天25班轎車，192元／人 下關→雞足山 每天4班車：08:00、09:00、10:00、11:00，30元／人
交通指引	9路、12路、23路公車可達	8路、9路公車可達	12路公車可達	5路、10路公車可達

＊以上資料時有變動，請以官方公布的最新資訊為準

節慶文化

「白族人信奉本主，一年365天，各村落的本主節日加起來有200多天！」大理友人如是介紹。除了本主節，春節、三月街、繞三靈、火把節、耍海節、石寶山歌會都是當地重要節日。

本主節

崇拜本主是白族特有的民間信仰，自唐宋以來便深入民間。每個白族村莊都有一位本主，供奉在村裡的本主廟中，祂是每個村莊的保護

除了本主崇拜，白族也信仰佛教或道教(照片提供／張耀)

每逢節日，村裡男女老幼盛裝歌舞、舞龍舞獅盛大祭祀(照片提供／張耀)

神，村民從出生到死亡，面對人生各類疑難雜症，都需請本主解惑、庇佑。既然是多神崇拜，每個村子供奉的本主也不同，有儒釋道神祇，也有英雄，例如：創立大理國的段思平(江湖傳言六脈神劍的創始人)；有大理歷史上的名臣，也有樹木、石頭、動物……有趣的是，本主並非高高在上，他們也有七情六欲，有的本主貪杯好色，有的本主小氣記仇，套一句大陸常用語，這些本主都很接地氣！

三月街

「千年趕一街，一街趕千年」。每年農曆3月15～21日是白族最熱鬧的三月街，也是大理年度最大的集市。

從南詔時期延續至今的三月街昔為廟市：香客遊人來觀音寺燒香拜佛，商販見人潮如錢潮，紛紛前來擺攤。另有傳說，隋末唐初妖魔盤踞大理，民不聊生，觀音大士來此收妖，並於每年農曆3月15～21日在此地講經說法；為不耽誤農事，信徒們帶上農貿製品交換，久而久之，便成為一年一度的交易盛會。

徐霞客曾在其遊記中記載他目睹三月街的盛況：「千騎交集」、「男女雜遝，交臂不辨」、「十三省物無不至，滇中諸蠻物亦無不至」。如今這個延續1,300年的傳統已列為「三月街民主節」，是大理州獨有、為期3天的國定假日。

大理白族火把節

不同於彝族火把節訂在農曆6月24日，白族的火把節是農曆6月25日。相傳是為了紀念歷史上的一位巾幗英雄「白潔夫人」。唐代初期洱海周邊有六個部落稱為「六詔」，蒙舍詔欲

通過拜火把、點火把、耍火把、跳火把等儀式，祈求來年五穀豐登(照片提供／張耀)

火把節的火把會以彩旗、水果、鮮花，妝點得熱鬧歡騰(照片提供／張耀)

併吞其他五詔，便以祭祀為名，邀請五詔詔主前往松明樓赴會。後來一把火燒了松明樓，五詔詔主也死於大火中。鄧詔詔主夫人白潔夫人，靠著她為夫君繫在手上的鐵環找到其屍體，最後守節跳洱海自盡。白族婦女在火把節有以鳳仙花染指甲的習俗，就是紀念白潔夫人徒手挖屍體、手指流血的過程。男人則以跑馬或賽船來慶祝節日。

特色
伴手禮

　　和昆明、麗江相較，我更喜歡在大理「血拼」。因為大理古城的人民路、博愛路還保有一些個性特色小店，不像昆明過於分散，或麗江古城的千篇一律。我常跟朋友介紹，大理還有一點峇里島的悠閒緩慢，最適合閒逛的路線就是人民路及周邊巷弄。1,500公尺的人民路曾是擺攤者的天堂，街頭歌手即興演出，還有本地、異國美食交融。

下關沱茶

　　普洱茶中，形狀特殊的當屬下關沱茶，因其壓製成小坨形狀而得名，凹面像是一個碗，凸

沱茶以其特殊的形狀聞名(照片提供／趙林琳)

面像個餐包。下關沱茶為大理喜洲四大商幫之首嚴子珍及其商號永昌祥所創，迄今已超過百年歷史。下關沱茶的特色是選用優勢互補的原料加以拼配，屬於好喝又不貴的日常口糧茶，有興趣的朋友可前往人民路下關沱茶大理古城旗艦店品茶選購。

下關沱茶

✉ 大理古城人民路上段清真寺旁

📞 872 266 0006

🕐 09:00～23:00

💲 80元起／斤(500克)

http www.xgtea.com

下關沱茶是雲南知名品牌(照片提供／趙林琳)

雕梅

　　雕梅是白族傳統食品，用刀在青梅上雕刻出連續曲折的花紋，從空隙處把梅子核取出，然後把梅子輕壓成菊花狀，以食鹽、紅糖、蜂蜜浸漬數月後即成。復興路上的楊記雕梅是老店，販賣各種蜜餞、果脯和雕梅酒。

楊記雕梅

✉ 大理古城復興路303號

☎ 138 8721 3788

🕐 09:00～22:00

🅼 P.144

昔日白族姑娘從小就要學習製作果脯，也是姑娘心靈手巧的衡量標準

同為雕梅，但有或酸或甜的口味之別

位於人民路和復興路口的楊記雕梅是大理老店

鶴慶銀器

　　鶴慶是滇西北最有名的銀器村，早在南詔國時期，鶴慶就開始從事民族銀飾的製造，包括銀手環、銀飾、筷子、碗、酒具、刀具等，除了生活用品，也有不少民間工藝大師的藝術品。大理和麗江的銀器店多到此批發，其產品也大量外銷到東南亞、印度、巴基斯坦等地。目前，鶴慶新華村已開發為銀都水鄉景區，景區內的風景和白族傳統民居稍稍沖淡了購物景點的商業氣氛。

鶴慶銀器

✉ 大理州鶴慶縣草海鎮新華村

☎ 872 412 8368

💲 198元／人

🕐 08:00～18:30

➡ 在大理汽車客運站北站或麗江客運站搭乘客運巴士到鶴慶，到達鶴慶客運站後搭5路公車或計程車到新華村

古城內也有大小銀器店林立

銀器依品質和工藝，差別很大，從幾塊錢到上千元不等

白族紮染

紮染是大理白族和彝族的民間傳統手工藝，早期使用土布紮花、以板藍根或蓼藍葉等植物染料浸染、漂晾而成。距離大理古城23公里的周城是有名的紮染小鎮，村內有很多家庭染坊，麗江、束河店家多到此批發圍巾服飾，但遊客買的量少，價格不見得便宜。巍山古鎮的紮染、蠟染也小有名氣，許多產品外銷日本。

如果沒有時間跑一趟周城或巍山，古城人民路上有些精緻小店專售植物染的圍巾、衣服，動輒數百元；洋人街常見的手帕、桌巾、門簾，依尺寸從數十元到百多元不等。

行家小提醒

保養紮染小祕訣

買回來的紮染最好在加了食鹽的冷水裡浸泡10分鐘，有固色作用，注意不要和其他衣物一起洗滌。

❶❹紮染作品繁多，布置日常生活別有情趣❷❸一幅幅紮染把古城妝點得豐富多色

伴手禮&紀念品推薦店家

大理好禮旗艦店

鶴慶的銀飾、賓川的朱苦拉咖啡、劍川的木雕、蜜餞、普洱茶、菌子……這些琳瑯滿目的大理特產,如何一次帶回家?聚集大理州12個縣市最具特色的旅遊商品、休閒食品和工藝品的「大理好禮」,在古城開設旗艦店,同時提供線上購物,讓遊客可以將伴手禮、紀念品一網打盡。此外,「大理好禮」也在古城南門龍泉坊打造一個兼具民俗風情、非遺傳承、特色美食和個性文創商品的文化園區,可順道一逛。

✉大理古城南門龍泉坊、葉榆路與護國路交叉口
📞872 252 0999、872 256 8306
🕗08:00~21:00
💲10元起
MAP P.144

結合鮮花與普洱茶的特製茶餅(照片提供／大理好禮)

紮染做成的眼鏡盒(照片提供／大理好禮)

白族Q版人物「金花和阿鵬」隨身碟約40元(照片提供／大理好禮)

天堂階梯

天堂階梯源於齊柏林飛船的一首歌《Stairway to Heaven》。老闆小天2001年在大理開了這樣的小店,當初是以CD唱片為主,如今反倒像是一個品味生活雜貨店,陳列民族特色小物,只是不見得是大理或雲南特色之物,更多是東南亞或尼泊爾、印度的織品、居家飾品。洋人街和博愛路口的老店「朵兒的唱」也有相近風格。

✉大理古城博愛路84號
📞135 7721 2468
🕗10:00~22:00
MAP P.144

幾度易址,天堂階梯依然是大理古城內特色小店

啟德唱片

在網路音樂唾手可得的時代,還有一家CD唱片店可以開20年,真是不容易。「這年頭金子銀子都好找,但好音樂難找」,看店的白族大叔對音樂如數家珍。一張CD從10元到500元都有,黑膠唱片500元,喜歡音樂的朋友可以到位於洋人街的啟德唱片淘寶。

✉大理古城洋人街64號
📞135 7725 0866
🕗09:00~23:00
💲10元起
ℹ裡面CD大多是正版,也有少數不適合攜帶入臺灣
MAP P.144

各種布製品的小玩意滿適合作為旅途紀念品

位於洋人街上的音樂專賣店,店內謝絕拍照

特色飲食

總結白族美食，不外「酸、辣、鮮、香」4個字。辣就不用說了，全雲南幾乎誓死效忠於辣的版圖，至於「酸」，大理人運用得比較微妙，他們喜用蔬果自帶的果酸為菜肴提味，例如酸木瓜，就是白族美食少不了的一味。新鮮酸木瓜可切絲炒肉，或把木瓜切片醃漬然後入菜。雕梅、醃梅、燉梅更是如此，扣肉、排骨、紅燒肉、鮮魚都可以融化在梅子的酸甜，讓味覺充滿變化不再單調。當令蔬菜、人工採摘的鮮花、野生菌，和洱海裡新鮮的魚蝦，則是「鮮香」的來源。

民謠《小河淌水》發源於大理的彌渡，當地的卷蹄也是一絕

大理「凍魚」是白族人待客的傳統佳肴(照片提供／張耀)

砂鍋魚、酸辣魚

大理砂鍋魚排名第一。用的是洱海裡新鮮的河魚，再加入鮮雞肉片、蹄筋、豬肝、豆腐、火腿、蝦仁、蛋捲、香菇、白菜心……多種配菜，放入砂鍋中慢火熬煮，魚肉湯汁滋味鮮甜，自不在話下。酸辣魚也是白族的待客主菜，湯汁少、重鹽、麻辣，且多用鯽魚，對於習慣吃海魚的臺灣人來說，一身傲骨細刺的鯽魚絕對是考驗。

靠洱海吃洱海，大理人餐桌上少不了河鮮，砂鍋魚和酸辣魚排名第一

生皮

白族的「剁生」，也就是漢語的「生皮」。這種不尋常的生食最早可溯自唐朝的文獻，早期剁生有豬肉、羊肉和螺螄，現代則以豬肉為主。生皮的選材和製作極為講究：取一塊後腿肉，以稻草或麥稈燒烤其外皮，直至外皮略焦黃才洗淨切片，切絲裝盤後打蘸水即可食用。

蘸水也不隨便：用蔥花、薑絲、蒜泥、香菜、油辣椒、油炸花生、核桃春成粉末和梅醋等調配而成。生皮吃起來酸辣可口，皮Q彈，肉鮮嫩，口感獨特。

海菜非得在清澈乾淨的水域才能生長

214國道、七里橋觀音堂旁有「生皮一條街」，許多小攤都有提供正宗的生皮，大理友人強力推薦此地，不僅因為生皮、豌豆粉、豬血醃菜湯、凍魚……等道地白族小吃一應俱全，而是無論男女老幼、士農工商，都在此大快朵頤，展現未經包裝的大理味道。不過因洱海整治，此地餐飲業也受到影響暫停營業，光顧之前可詢問住宿酒店是否恢復營業。除了生皮一條街，下關龍尾關的「龍尾小吃」和榆華路上的「買買音火燒豬」的生皮也都很正宗。

感，大理人習慣以海菜莖葉連同花苞洗淨後，與芋頭一起燉煮「海菜芋頭湯」，比起素炒海菜來得更有特色。

大理啤酒

品嘗各種大理美食之際，不要忘了來一瓶本地的大理啤酒。大理設有啤酒廠，是雲南少數生產啤酒的地方。現有蒼洱牌大理啤酒、風花雪月啤酒和果味啤酒等，號稱以蒼山無汙染雪水，搭配進口麥芽啤酒花製造，酒液細膩，泡沫掛杯持久，酒精度數也不高。

海菜

這種野生於潔淨淡水的水生植物，在大理有個樸素的名字「海菜」，到了麗江就成了「水性楊花」了，讓人不免為海菜叫屈。野生海菜入口不像一般時蔬，有種在口腔四竄的滑膩口

海菜可素炒、可煮湯

來大理，豈能錯過本地生產的大理啤酒

烤餌塊

大理古城內處處可見烤餌塊的小攤，餌塊可甜可鹹，加上辣醬、芝麻醬、豆腐乳、花生米碎、豆芽、酸菜，闊氣一點的話，再夾入一根油條或熱狗，就是一頓心滿意足的早餐。

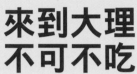

烤得冒泡的餌塊沾上醬料和油條

經典五大小吃

來到大理不可不吃

涼雞米線

米線的做法很多，光是涼米線也可以72變，在昆明餐廳吃到的涼米線有點像涼麵，加上韭菜、豆芽、紅蘿蔔絲、香菜和調味醬料而成；大理回族的吃法是把白斬雞撕成雞絲，拌入粗米線中，加入梅子醋、調味料和各家祕方的滷水，入口酸甜爽滑。

躋身龐大米線家族，涼雞米線人氣高，辨識度也高

豌豆粉

把豌豆浸泡後磨粉過濾，煮成濃羹狀，澆上辣椒香油等調料，口感滑順。還有一種是豌豆粉凝結後切塊，拌上各種佐料醬汁。大理古城博愛路和玉洱路交叉口的「色了木」豌豆粉小有名氣。

路邊攤和大餐廳都有豌豆粉這道小吃（照片提供／張耀）

烤乳扇

　　雲南主要乳製品多來自大理，以牛奶為原料製作的乳扇、乳餅，都是「雲南十八怪」的主角之一。古城裡最有名的楊記乳扇位於復興路與人民路交叉口，有真空包裝，不熟悉乳扇烹調方式的人，不妨現場買烤乳扇嘗嘗。本地餐廳也都有提供油炸乳扇、火烤乳扇、夾沙乳扇等菜肴。

路邊攤和餐廳都可品嘗到乳扇的不同做法

未經烹調的乳扇原貌

油好、麵好、火色好，成就一張香酥可口的喜洲粑粑

喜洲粑粑得歷經發麵、揉麵、配料和烘烤4道工序

喜洲粑粑

　　蒙古的饢和四川的鍋盔(麵餅)隨著馬幫的腳步被帶到了茶馬交易重鎮喜洲，本地人加以融合創新後成了保質期長、方便攜帶的喜洲粑粑。喜洲粑粑製作重點要以老麵為酵母加入新麵，經發麵、揉麵後放入配料，鹹味的加入蔥花、鮮肉，甜味的加入玫瑰糖、豆沙、紅糖、白糖。烘烤喜洲粑粑要用上下兩層鐵盤，以炭火上烤下烘，「油好、麵好、火色好」就是道地的喜洲粑粑。大理古城到喜洲古鎮的214國道和221省道(大麗路)路邊都有賣喜洲粑粑的攤販，個人覺得不及喜洲古鎮四方街旁的老店來得好吃。

必遊景點

照片提供／張耀

關於大理的定義，有點像俄羅斯娃娃：大理白族自治州下有大理市，大理市之下又有大理鎮，後者即為遊客熟知的大理古城。大理市包括大理古城和下關兩部分，下關是大理州政府所在地，為政治、經濟、交通的中心，機場、火車站、客運站、商務酒店都在下關；大理古城位於蒼山下、洱海西岸，距離下關13公里。大理旅遊業發展半世紀，大理古城都是遊客的第一站。

文化 放 大鏡

大理的「風花雪月」

初到大理需識得「風花雪月」一詞，這是大理獨一無二的代名詞：

下關風：每年11月～次年4月，下關的風特別大，因為蒼山十九峰屏障了東西對流，造成下關的天生橋缺口成為空氣對流的出口，最大陣風可達8級。

上關花：氣候特別適合花卉生長的上關，昔日以奇樹奇花聞名。

蒼山雪：指的是雪人峰上千年不化的白雪。

洱海月：欣賞映照在洱海上的月亮、天光和雲彩。

古城周邊

崇聖寺
建於9世紀的佛教高塔

金庸小說《天龍八部》裡的「天龍寺」原型就是大理崇聖寺。崇聖寺位於大理古城北1.5公里，蒼山應樂峰下，是白族地區最富盛名的佛教建築，曾是南詔國、大理國的皇家寺廟，大理國22位皇帝有9位遜位為僧，到此出家。建於9世紀的崇聖寺後毀於清咸豐年間，2005年修復現狀。

大理的標誌性建築三塔是由1座大塔和2座小塔組成，建於9世紀的大塔「千尋塔」高69.13公尺，是大陸現存最高的塔之一，和西安的大雁塔、小雁塔皆為典型的唐代建築。崇聖三塔門票不菲，如目的不是虔誠禮佛，可自行斟酌是否購票參觀。不少遊客選擇找尋合適角度拍攝三塔，到此一遊。

✉ 大理市三塔旅遊文化區 ☎ 872 266 6346 ◷ 08:00～17:00 💲 121元／人，學生憑證半價，120公分以下兒童和70歲老人憑證免費 ➡ 古城有崇聖三塔專線車可達 ⧗ 2小時 http www.dalisanta.net ℹ 建議事先上網購票較便宜。門票可參觀三塔倒影公園，下午最適合在此拍照 MAP P.145

❶前往大理崇聖寺和三塔可以利用三塔專線公車或景區直通車❷崇聖寺即金庸小說裡天龍寺的原型(照片提供／鄭林鐘)

1

大理市

大理機場

大理機場

大麗高速公路

大理火車站

大理市

214 國道

瑞麗公路

瑞杭高速

蒼山

雙廊

南詔風情島

挖色

小普陀

洱海

才村碼頭

喜洲古鎮

周城紮染

海舌公園

翠田餐廳

大理古城

觀音堂

崇聖寺三塔

山莫催茶室

感通寺·寂照庵

琦龍風味莊

洱海環湖地圖

大理古城

穿梭小巷領略民居風華

　　背倚蒼山，面對洱海，大理古城數百年來是南詔國和大理國首都，也是昔日雲南政治、經濟、文化的中心。大理古城是明代攻占大理後，於明洪武15年(西元1382年)建成，東、西、南、北各有一座城門，南城樓是四門之首，一般旅遊團多從南門出發遊覽古城。

　　大理古城古蹟建築甚多：城內五華樓是標誌建築，高20餘公尺的4層樓建築，是古代官方設宴場所；號稱「古城第一樓」的文獻樓位於古城外，因1701年雲南提督題「文獻名邦」而得名；另有清末被杜文秀占領的「總統兵馬大元帥府」，現為大理市博物館；蔣公祠則是清代大理提督蔣宗漢的府邸，現亦為博物館，對外開放。

　　初到這個面積只有3平方公里的古城，第一印象並不「驚豔」，因為古城大街上的建築並不顯眼，必得走進小巷，穿梭其間方能領略民

居之美。貫穿古城南北的復興路是古城的商業街，沿路盡是銀器店、鮮花餅、紮染等各種土特產店；東西向的護國路昔因外國背包客聚集而稱「洋人街」，過去酒吧林立，不過近來夜生活已轉到紅龍井一帶。

建議避開人潮湧動的復興路、博愛路、護國路、玉洱路，專門鑽小巷，反而更有驚喜。長1,500公尺的人民路是古城的文藝標籤：白天有菜市場、商店、餐廳、咖啡、甜點店……入夜後酒吧熱鬧，背包客、年輕人或擺地攤，或一把吉他，一個手鼓，就在街邊即興演出。

✉ 大理市復興路　📞 872 266 3370　🕐 全天　💲 免費，元帥府免費(復興路111號；開放時間09:00～13:00，14:00～17:00，週一公休)，蔣公祠門票10元(玉洱路123號；開放時間08:30～17:30)　🚌 在大理火車站搭乘8路公車到古城風花雪月酒店下車；或搭乘機場大巴到下關蒼山酒店下車，到市醫院轉8路公車　⏱ 0.5天～2天　http www.comedali.com　MAP P.144、145

❶大理古城夜景(照片提供／鄭林鐘)❷每年有近3,000萬人次遊客造訪大理(照片提供／鄭林鐘)❸人民路上眾多小吃、飲品，適合邊走邊吃邊逛

行家小提醒

如何在大理古城裡判斷方位

古城布局如棋盤方正，街道南北、東西走向，這和麗江古城迷魂陣似的街道巷弄大不相同。判斷方向的原則很簡單：以古城為中心，蒼山在西，洱海在東，下關為南，上關和喜洲為北。

文化放大鏡

古城的地攤文化

人民路上聚集不少年輕人擺地攤，有些是背包客，或所謂的文藝青年自製小東西搬出來賺點旅費，地攤極盛時短短1公里的路上擺了數百個地攤，後來管理單位出面整頓。現在仍有人跟城管打遊擊，你追我跑。地攤上所賣的商品少數是手作特色小物，多數還是批發來的小商品。

❶地攤不乏年輕朋友的創意手作❷滿大街可見編彩辮、噴繪刺青，投年輕遊客所好

❶❷正因大理古城對建築沒有嚴格限制，才會展現少有的多元風格 ❸大陸景點少不了酒吧林立的夜生活，大理古城也不例外

柴米多美食市集

每週六，古城內的柴米多市集如約而至，聚集了不少移居大理的國內外友人，舉辦手作、食材、音樂或公益活動。例如：古城周邊有機農場會販售蔬果作物，還有自製果醬、

在地的新鮮食材搭配西式的烹調方式

手工麵包、章魚丸子、自釀啤酒，猶如小小聯合國的美食市集。柴米多是當地的人氣餐廳，空間開闊舒適。另有柴米多農場，位於下雞邑龍鳳村，不定期會舉辦摘菜、捕魚、皮划艇、放風箏等付費活動，可加入微信公眾號了解詳情。

✉大理古城葉榆路與人民路交叉叉口往北50公尺(古城派出所對面) ☎185 0060 8017 🕐10:00～22:00 ℹ微信號：chamiduo_farm MAP P.144

大理床單廠創意文化園

大理古城內第一個由廢棄的床單廠改造而成的藝術社區，裡面有大理攝影博物館(週一閉館)、咖啡館、獨立書店、餐廳、設計小店、茶館、攀岩區……愛街拍或自拍的遊客，絕不容錯過這色彩紛呈的地方。平時人不多，只有在每月最後一個週六舉辦特色市集比較熱鬧。

以彩繪圖騰改造舊工廠外觀

✉大理古城蒼坪街56號 ➡南門進入復興路約300公尺，遇蒼坪街右轉 MAP P.144

廢棄多時的大理市床單廠在2015年改造為文創園區

喜洲古鎮
感受白族文化情懷

古城
周邊

「我想不起，在國內什麼偏僻的地方，見過這麼體面的市鎮。……有圖書館，館門前立著大理石的牌坊，字是貼金；有警察局，有像王宮似得深宅大院，都是雕梁畫柱。有許多祠堂，也都金碧輝煌。」1941年老舍專程到喜洲訪友，對此地印象深刻。

喜洲古鎮是白族商幫的發源地，也是著名的僑鄉。喜洲人擅於經商，1949年資本達千萬和數百萬銀圓的商號就有9家，其中的傳奇人物當屬嚴子珍，13歲開始做生意，騎著毛驢賣土布，後與人合夥創立「永昌祥」商號，主營生絲和茶葉(研發出下關沱茶)，經商遠及海內外，1907年斥資打造嚴家大院！難怪經商致富的喜洲人可以把小小市鎮建得如此「體面」。喜洲民居還保留了明清時代以來上百個白族院落，均為最具白族民居「三房一照壁」、「四合五天井」的建築風格。

✉大理市喜洲鎮西入口旅遊觀光車服務中心 ☎872 2452809 🕗08:00～17:30 💲古鎮免門票，觀光車環遊導覽嚴家大院和民居45元／人，嚴家大院30元／人，嚴家民居20元／人，參觀嚴家民居並觀賞三道茶白族歌舞表演95元／人 ➡距離大理古城17公里，在古城東門、大麗路口搭往洱源、江尾、雙廊的客運班車到喜洲下車 ⌛2～3小時 ℹ喜洲景區觀光遊覽車，採乘車和步行的方式遊覽喜洲，並有專業解說員隨車講解，一人一套電子講解設備 🗺P.144、145

❶古鎮四方街周邊有道地的喜洲粑粑❷喜洲古鎮還保留了傳統白族民居的特色❸建於1907年的嚴家大院是知名的儒尚院落❹豌豆粉也是傳統喜洲小吃

喜洲古鎮延伸行程

旅行
小抄

行有餘力，建議租自行車或搭乘村民的馬車前往喜洲東北的海舌生態公園，綿長1公里的陸地延伸至洱海中，風景迷人。園內有集合大理本地手工的「開物集」，提供各種手工體驗項目，還可以在海豚阿德書店看書發呆，或附近「己己巳咖啡館」小坐。

蒼山

每年3～5月高山杜鵑盛開

蒼山是雲嶺山脈南端的主峰，東臨洱海，蒼山十九峰海拔從3,500～4,122公尺，每座山峰之間有一條溪水由上而下注入洱海，是為「蒼山十八溪」。「蒼山雪」固然享有盛名，「蒼山雲」亦有可觀之處。夏末秋初的雨後，山嵐四起形成連綿白雲，橫亙百里，終日不散，猶如一條長長的玉帶，是為「玉帶雲」。

如今在海拔2,600公尺，玉帶雲經常出現的地方，開闢了一條「玉帶雲遊路」，從天龍八部影視城西側步道步行1小時可到玉帶路，2小時可到中和寺，可俯瞰大理壩子和洱海風光。「玉帶雲遊路」全長16.2公里，自行徒步需準備食物、水和必要裝備，建議參加當地戶外俱樂部的徒步行程。

遊蒼山3種路徑

1.搭乘索道，輕鬆省力：從大理古城蒼山門出，沿著214國道步行至逸仙路，向西邊轉，前行1公里到蒼山大索道(又名洗馬潭索道)，這是目前世界上高低差最大(1,648公尺)、全國爬坡最長(5,555公尺)的索道。需注意登頂後海拔高，氣溫低，最好帶上禦寒衣物。也可以選擇搭乘路程較短的感通索道，前往清碧溪景區。

2.騎馬上蒼山：可選擇在三月街處騎馬上山，橫走玉帶路，再由感通索道下山。需注意無論個別馬夫或馬幫公司都沒有固定收費標

準。

3.步行遊蒼山：從大理古城蒼山門出，2公里
處達蒼山景區登山步道，購買門票後徒步至
玉帶雲遊路。近年來有少數遊客不顧警告，
擅入未開放遊覽區域，因而迷路、失蹤事故
頻傳。

✉ 大理古城西隱仙路 ☎ 872 228 9977(索道服務電
話：872 536 4980) 🕐08:30～16:10(11～3月08:30～
15:40)，索道08:30～17:30 💲蒼山地質公園門票40元／
人、蒼山大索道全程往返240元／淡季／人(分全程往返
和半程往返，淡旺季票價不同，建議提前網上預訂優惠
票)、感通索道80元／人、中和索道100元／人 ➡ **1.**從大
理古城西門出口步行20分鐘到大索道；**2.**在古城南門搭
景區直通車到感通索道(26元／人)；**3.**在古城搭4路公車
或三塔專線到大理鎮二中下車，步行2.4公里或搭攬客麵
包車(每人15～20元)前往 ⏳0.5～1天 http大理蒼山世界
地質公園www.dlcsdzgy.gov.cn ℹ 每年3～5月漫山遍野
杜鵑花盛開，是遊覽蒼山的好時節。不推薦大索道旁的
天龍八部影視城 MAP P.145

❶蒼山雲，蒼山雪，怎麼也看不膩(照片提供／張耀)❷蒼
山十九峰、十八溪構成了豐富的自然景觀(照片提供／鄭林
鐘)

**旅行
小抄**　　　**蒼山延伸行程**

寂照庵

不知是誰給這一方佛門淨地掛上「最小
資」、「最文藝」的名號，吸引不少人前往寂
照庵「朝聖」。位於蒼山聖應峰南、感通寺後
的寂照庵因其花木扶疏雅致，院落裡生機盎然
的多肉植物，還有可口的齋飯，讓俗家人排起
了長隊。此處齋飯每日限量供應，超過3人用
齋需提前1天預定。農曆初一、十五、週末中
餐免費，人滿為患，建議避開這些時間前往。

✉ 大理蒼山景區內 ☎ 872 268 3858 🕐09:00～
17:00(齋飯供應時間12:00、17:30) 💲免費參觀、免
費茶水、齋飯20元／人(齋飯吃不完不要跪佛) ⏳1小
時 ➡ 在大理古城搭乘4路或三塔專線公車到大理鎮
二中站下車，步行約3公里 MAP P.145

莫催茶室

位於蒼山半山腰、桃溪谷的莫催茶室，無法
利用大眾交通工具抵達，需靠導航定位桃溪谷
或莫催茶室，從大理古城開車至此約10餘分
鐘車程。茶室在茶園旁，可以喝自家生產的綠
茶、紅茶，和店主收羅的普洱茶；也可以到茶
園勞動採茶，製作茶餅，春、夏可做綠茶，
秋、冬製作普洱小龍珠。是一個適合品茗、聊
天、發呆、看海、拍照的地方。惟地方政府現
整治當地違建，莫催茶室因其建物爭議命運未
卜。

✉ 大理市蒼山桃溪谷(近三塔寺) ☎ 186 0885 3800
💲30元起 🕐09:30～18:30 MAP P.145

洱海
走訪日月潭的姐妹湖

洱海面積256平方公里，僅次於滇池，是雲南第二大的淡水湖，也是臺灣日月潭的姐妹湖。洱海屬於瀾滄江水系，水面海拔1,972公尺，因形狀如人的耳朵而得名。洱海是大理白族祖先的發祥地，在以洱海為中心的200公里範圍內發現新石器、銅石、青銅器遺址近百處，說明早在4,000年前就有人類居住在此。

傳統遊洱海是乘坐大型遊船環海一周，現在則流行開車自駕、騎電動摩托車環遊洱海，全程120公里。如果熱愛戶外運動、體力也不錯，可以徒步走全程或其中一段。建議早上在海西(蒼山這一側)看日出，下午在海東(雙廊這一側)看日落。路線如下：大理古城→才村碼頭→環湖西路→喜洲古鎮→江尾漁村→雙廊→挖色→小普陀→奧林匹克體育中心→洱海濕地公園。

環洱海3種交通工具

1.包車環海：依車型價格不同，400元／天起。好處是想停就停，唯一考慮是司機可能會推薦有回扣可拿的景點或購物。

2.自己租車：在大理古城租自行車、電動車都很方便。普通自行車20～35元／天；專業自行車50～100元／天；電動車50～60元／天；需要押金和證件，少數可異地還車，沿

1

2

3

途均有充電處。另外也有敞篷Smart或金龜車可租，但押金高，網友反映退押金糾紛多。

3.搭乘洱海遊輪：洱海大遊船全景遊分下關出發、大理古城龍龕碼頭出發2條路線。不過為配合保護洱海環境，大小遊船暫停營運，待相關部門核查通過後才能恢復營運。行前請先致電洱海遊船公司了解最新情況。

洱海公園＆洱海遊船
⊠大理下關濱海大道 ☎872 232 5080(遊船：872 232 9197) ◷06:30～20:30(遊船：08:00～17:00) $公園免費，南詔風情島50元／人，洱海遊船142元／人／單程 ➡搭乘22路公車在「洱海公園二站」下車，步行可達 ⧗遊船3小時 ⓘ洱海大型遊船在大理港碼頭(公園入口處)搭乘 ᴍᴀᴘP.144、145

旅行小抄
自行車另類環湖體驗

不少臺灣朋友都喜歡騎單車，不妨挑戰騎車遊洱海。第一，此處氣候溫和，騎行條件舒適；第二，騎行難度不高，有經驗的騎行者1天就可以環海一周；普通騎行體驗者花上2天，也能夠邊騎邊玩。有興趣體驗騎車遊洱海的遊客，行前記得準備適當騎行裝備、防曬用品、地圖、行動電源、相機。

騎單車環海行前要做好準備(照片提供／張耀)

173

行家小提醒
千家客棧餐廳歇業，行前須確認

鑒於洱海水質汙染日益惡化，2017年4月起，大理政府展開了最嚴厲的洱海整治行動：洱海周邊(包括海西和海東)沿線近2,000家客棧、餐廳關門停業，直到環湖截汙工程封閉，客棧、餐廳到達標準後才能恢復營運。目前證照齊全且房屋建設合法的餐飲、客棧已經可以申請恢復營業。

因此，計畫前往大理旅遊的朋友必須先了解相關狀況，在整治行動未結束前，才村、喜洲、雙廊、挖色等環湖海景客棧多數仍暫停營業，可選擇住在大理古城周邊或下關。此外，安排環湖行程時也要留意，沿途餐廳歇業、電動車充電等問題都要先解決。

❶美麗如畫的洱海近年卻因汙染嚴重亮起紅燈❷環湖路上花海處處，每每令遊人不自覺停下腳步❸四季四時更迭變化，洱海就像一幅幅畫作

雙廊
從小漁村一躍成度假勝地

近幾年，雙廊名氣響亮，大陸遊客把此地捧上了天，把雙廊當成大理遊的第一目標。曾經見證雙廊的昨日和今日，個人認為「今不如昔」。當然，純屬個人偏見。

數年前來雙廊，這裡還是 個名不見經傳、安靜淳樸的小漁村，當時只有白族藝術家趙青自己設計的「青廬」靜靜地矗立在海邊。後來，楊麗萍和其他名人陸續在此置產蓋別墅，引發了名人光環的骨牌效應，一發不可收拾，成了今日商業氣息濃厚的「旅遊勝地」。小小雙廊鎮擠滿了數百家餐廳、酒吧、客棧、商店，人潮和商業化程度不遜於麗江。附近的南詔風情島是昔日大理皇室度假地，裡面矗立高17公尺的漢白玉觀音，環洱海的大型遊船會在此停靠，門票50元／人。

❶位於南詔風情島內的漢白玉觀音(照片提供／張耀)❷環海大型遊船停靠南詔風情島(照片提供／張耀)

✉大理白族自治州大理市洱源縣雙廊鎮 ☎872 246 1185 🕐全天 💲免費 ➡雙廊距離下關35公里。**1.**在大理古城坐8路公車到大理客運北站，搭乘下關→雙廊的巴士(08:05～15:40每35分鐘1班，16元／人，車程1小時)；**2.**人多的話可以多人共乘計程車，20～30元／人；從大理古城搭計程車到雙廊約160元 ℹ雙廊住宿熱門，昔日人氣客棧和海景房需至少提前1個月預訂 MAP P.144、145

小普陀

古城周邊

冬季可賞候鳥

　　小普陀是位於洱海東岸的一個小島，沒有官方單位管理。相傳觀音菩薩開闢大理壩子，在洱海擲入一顆鎮海大印，成為一個周長不過200公尺的小島，此島就是小普陀，旁邊的村子就是海印村。可以花10元搭小船登島，島上

有觀音閣，是附近漁民捐資興建的。近年入冬後候鳥亦在小普陀逗留。

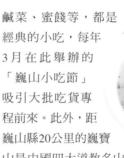

❶環洱海行至小普陀，有美景和美食犒勞(照片提供／張耀)❷可以乘鐵殼船到島上參拜觀音閣❸籠罩在清晨薄霧的「嵐靆普陀」曾為洱海八景之一❹小普陀旁小吃攤林立，多為河鮮小吃

巍山古鎮

大理市周邊

「巍山小吃節」不容錯過

　　巍山位於大理自治州南部，距離大理市50餘公里，是南詔國發源地，也是南詔國建國初期的都城所在。目前的巍山古城建於明洪武22年(1389年)，面積3平方公里，有東、西、南、北四個城門，城中央有文筆樓，主街道還保存了大陸最完好的明清古建築群之一。

巍山是彝族回族自治縣，少數民族的飲食習慣根深蒂固，這裡的「䆟肉餌絲」全雲南最出名，還有一根麵、火燒粑粑、

鹹菜、蜜餞等，都是經典的小吃，每年3月在此舉辦的「巍山小吃節」吸引大批吃貨專程前來。此外，距巍山縣20公里的巍寶山是中國四大道教名山之一，門票60元／人。

2

1

✉大理州巍山彝族回族自治縣 🕐全天 💲免費 ➡1.巍山距離下關53公里，可在下關興盛客運站搭車到巍山，15分鐘1班車(11元／人)；2.搭乘大理旅遊景區直通車巍山專線，每天08:30從大理古城南門旅遊服務中心出發，170元／人(往返車費＋巍寶山門票) 🕐3小時 http巍山縣旅遊局官網www.dlwsly.org MAP P.144

❶製作前後的巍山「一根麵」❷䆟肉餌絲幾乎就是巍山美食的代名詞

沙溪古鎮

大理市周邊

原汁原味的茶馬古道市集

位於金沙江、瀾滄江、怒江三江並流自然保護區東南，沙溪看似貌不驚人，昔日卻因為周圍鹽井遍布，千年來運鹽馬幫絡繹於途。現存僅容2匹馬通過的土坯寨門，東寨門通大理，南寨門往滇西鹽井，北寨門通向西藏，正是馬幫過往必經之路；今日仍保留完好的古戲臺、古寺廟、商鋪、馬店，見證了昔日曾有的繁華景況。

感謝過去交通不便，沙溪古鎮幸運地保有昔日面貌，成為茶馬古道上唯一倖存的古市集。2001年世界紀念性建築基金會把「沙溪寺登街區」列入世界建築性遺產保護名錄：「中國沙溪(寺登街)是茶馬古道上唯一倖存的市集，有完整無缺的戲院、旅館、寺廟、大門，使這個完整連接西藏和南亞的集市相當完備。」

沙溪是一個適合散步的地方，從歐陽大院、四方街、古戲臺、興教寺、東寨門到玉津橋。

目前沙溪古鎮有不少客棧和餐廳，吃住都很方便；「仙度拉蒂」和「58號院」都是臺灣人開的風格迥異的客棧；位於寺登街南古宗巷的「嵐生」則是朋友推薦充滿禪意的精品客棧。

✉ 大理白族自治州劍川縣沙溪鎮 ☎ 872 452 1762 ⏰ 全天開放 💲 免費 ➡ 沙溪古鎮介於大理古城(相距130公里)、麗江古城間(距離100公里)。從大理或麗江搭乘客運車到劍川，劍川客運站門口有很多廂型車前往沙溪(06:30～19:00)，13元／人，車程45分鐘 ⌛ 3小時～1天 🗺 P.144

> **旅行小抄**　　　**沙溪古鎮必遊景點**
>
> **歐陽大院**
>
> 　當地保存最好的馬鍋頭(行走於茶馬古道上馬幫的首領)宅院，花10塊錢聽其後代、一位70多歲老太太以濃重口音的普通話解說家族和宅院歷史，傳神有趣(票價10元／人)。
>
> **興教寺**
>
> 　建於明永樂13年(1415年)的興教寺是中國目前規模最大、最具代表性的佛教密宗「阿叱力」寺院，建築兼具漢文化、白族傳統建築和藏密寺院風格(票價20元／人)。

❶昔日馬幫重鎮的繁華雖不復見，沙溪古鎮依然保有時空穿越的痕跡❷廣場上的古戲臺見證千年滄桑❸保有難得的靜謐，沙溪古鎮處處風景❹如果說寺登街是沙溪古鎮的核心，興教寺就是寺登街的核心

大理市周邊 劍川石寶山石窟
鑿於唐宋間的「西南敦煌」

　　劍川除了木雕聞名雲南，還有一項難得的文化瑰寶——有「西南敦煌」之稱的石寶山石窟。位於劍川西南25公里的石寶山石窟為唐宋時期、南詔國和大理國時開鑿，以佛教題材為主的石雕群，主題以菩薩、觀音、天王、明王、力士、羅漢等佛教題材為主；同時也有世俗的南詔王、官員、醉漢，其中「阿央白」為女性生殖器官的石雕，是白族婦女求子求順產的祈福對象⋯⋯此地無疑是以石頭雕琢，生動記載了南詔國、大理國的文化和藝術成就。每年農曆7月26日～8月1日的「石寶山歌會」是當地最盛大的民族傳統節慶。

✉大理白族自治州劍川縣沙溪鄉 ☎872 478 7029 ⏰08:30～17:30(17:00後停止售票) 💲65元／人(120公分以下、70歲老人免票)，景區中巴40元／人(往返) ➡劍川距離大理140公里，距麗江70公里，大理和麗江均有客運車可達劍川 ⏳3小時 🗺P.144

❶石寶山石窟眾多雕像中，甘露觀音極富盛名❷石寶山為老君山的支峰，山體崢嶸多見龜背狀裂紋紅砂石(以上照片提供／劍川縣旅遊委)

雞足山

聞名全球的佛教聖地

大理市
周邊

距離大理古城90公里的雞足山是享譽國內外的佛教聖地，不僅是中國漢傳、藏傳佛教交匯地、世界佛教禪宗發源地，相傳也是釋迦牟尼佛大弟子迦葉的講經道場。從明代中葉起，雞足山就和山西五臺山、浙江普陀山、四川峨眉山、安徽九華山四大佛教名山齊名，每年吸引來自海內外的佛教信徒來此朝拜。另遇到朝山節、佛祖誕辰與涅槃日、觀音菩薩誕辰，信徒聚集朝拜更是熱鬧。

雞足山因前列三峰，後拖一嶺，形似雞足而得名，至於佛教是在何時傳入雞足山，仍眾說紛紜。不過在清代，雞足山已經發展以祝聖寺為中心，36寺72庵，常住僧尼有5千多人，成為中國和東南亞的佛教聖地。除了禮佛，有人喜歡爬山觀日出，那得在景區內住宿一晚，次日凌晨3點起床爬山登頂看日出。在海拔3,248公尺的金頂寺可東觀日出，南觀彩雲，西觀蒼洱，北觀玉龍雪山，而被稱為「四觀峰」。

✉大理白族自治州賓川縣雞足山鎮 ☎872 715 3207、400 0998 998 ◷景區全天開放，纜車、觀光車營業時間為09:00～17:00 $80元／人，學生憑證半價；纜車75元／往返、觀光車24元／往返 ➡1.大理汽車客運站新站每天08:00、09:00、10:00、11:00有車從下關到雞足山，30元／人；2.早上08:30在古城南門遊客中心搭乘大理旅遊景區雞足山直通車(260元／人，含往返車票＋門票＋纜車＋觀光車，諮詢電話872 269 9969) ⏱3小時～1天 ℹ雞足山海拔最高3,248公尺，需注意保暖和高原反應。雞足山內寺廟無門票，也不允許燒高香，部分寺廟提供免費香燭，未見強迫燒香。住宿可選擇山頂的金頂接待部，或半山腰的雞足山賓館、附近民宿 MAP P.10、144

❶相傳雞足山十分靈驗，到此許願，還願和了願，需連續朝聖3年(照片提供／吳重民) ❷虛雲禪師曾在此弘法10餘年，重修祝聖寺(照片提供／吳重民) ❸景區內可步行、騎馬或搭乘纜車(照片提供／吳重民)

行程安排

蒼山洱海2日遊

Day1 蒼山半日遊：蒼山大索道／玉帶雲遊路／感通寺(3選1)＋寂照庵＋清碧溪景區 →
大理古城 → 床單廠藝術區逛文創小店 → 紅龍井體驗夜生活

Day2 大理古城出發 → 才村碼頭 → 喜洲古鎮 → 海舌公園 → 雙廊 → 小普陀
下關 → 大理古城

其他行程補充包

巍山小吃之旅

對古鎮和小吃有興趣的人，不妨前往有小吃之鄉美名的巍山古城，必嘗「炧(發音為「扒」，意指軟、糯）肉餌絲」、一根麵、稀豆粉、燒餌塊、清真麵片等。當地的鹹菜、蜜餞也是大理知名土特產，冬瓜、茄子、木瓜都可以做成蜜餞。

沙溪古鎮之旅

漫步茶馬古道唯一倖存的古市集，路線為：沙溪古鎮→四方街寺登街→興教寺→玉津橋。還可順道前往距離沙溪18公里的劍川石寶山，欣賞與敦煌壁畫齊名的石窟造像。

與沙溪古鎮同時入選瀕危建築保護名錄的還有萬里長城(照片提供／鄭林鐘)

妙香佛國之旅

大理古城→雞足山景區(搭乘索道，在終點徒步登天柱峰金頂寺，參訪袈裟石、華首門)→崇聖寺三塔→大理古城。

照片提供／吳重民

旅行小抄

Bikego當地旅行團

大理古城人民路上的Bikego規畫的大理行程頗有新意：例如「4＋2趣騎環洱海1日遊」就是搭乘4個輪子的商務車，搭配2個輪子的單車騎行海西＋海東17公里的精華路線，隨時可停車欣賞風景或拍照，還可以在不耗費太多體力的前提下騎行，感受洱海風光。此外，Bikego也提供紮染、做茶的體驗課程，想在大理參加半日遊、1日遊的旅客，都可以在微信公眾號或實體店諮詢參考。

✉ 大理古城人民路416號
📞 153 0805 5176
🏠 微信號：bikegoplus
🗺 P.144

益恒飯店　白族菜

菜品豐富價格實惠的白族餐廳

　　10年前第一次來大理，本地朋友就帶我來益恒飯店品嘗白族美食，當時原址在古城最熱鬧的人民路上一棟老宅，後搬到玉洱路果子園路口，餐廳仍舊是白族民居，做的也是道地的白族家常菜，砂鍋魚、酸辣魚、木瓜雞、生皮、雕梅扣肉、蜂窩玉米、乳扇、梅酒等。由於味道不錯且價格實惠，不少人停留大理期間都不止光顧一回。

✉ 大理古城玉洱路下段388號(東門村對面) ☎ 872 266 3316 ⏰ 09:00～22:00(週一～日) 💲 每人平均消費50元 ➡ 大理古城南門復興路直行遇玉洱路右轉，步行共1.9公里 🗺 P.144

❶少了昔日老店的古色古香，益恒飯店還是保持其白族民居特色❷除了大理本地特色菜，還有彌渡的卷蹄❸除了必點的砂鍋魚，嗜辣的朋友也可以點酸辣魚

(180)

蒼洱春　白族菜

老字號白族餐廳

　　蒼洱春也是古城裡老字號白族餐廳，因為房屋較為老舊，用餐環境和服務都很一般；不過還是很多遊客沖著熗螺肉、木瓜雞、砂鍋魚、雕梅扣肉、夾沙乳扇、三花炒蛋等招牌菜而來。筆者特別喜歡這裡的自釀梅子酒、玫瑰釀，搭配重油味厚的主菜，別有滋味。

✉ 大理古城人民路上段84號 ☎ 872 690 0907 ⏰ 10:00～22:30 💲 每人平均消費40元 ➡ 人民路往蒼山方向走，過復興路約20公尺 🗺 P.144

❶小有名氣的蒼洱春，用餐環境一般❷和其他家常菜餐廳一樣，當日備好的時蔬一字排開，任君挑選

琦龍風味莊 白族菜
嘗白族菜搭配三塔風光

本地朋友推薦的餐廳，位於三塔倒影公園旁，以綠意盎然的用餐環境著稱，2樓包廂還可以看到三塔。主打傳統白族菜，酸辣魚、玫瑰乳扇、糯米乳扇、冰鎮松茸……不過，看似配角的雞絲涼米線、燉梅、梅子酒卻經常搶盡風頭。

✉ 三塔倒影公園旁 ☎ 872 266 6589 ⏰ 09:00～14:00，16:30～21:00 💲 每人平均消費80元 ➡ 241國道往崇聖寺方向，遇三塔倒影公園左轉前行200公尺即達 MAP P.145

再回首涼雞米線 清真小吃
經濟實惠的必吃美食

人民路的「再回首涼雞米線」有多紅？短短50公尺開了3家店面(據說兄弟分家後各幹各的)，生意之好可見一斑。小碗的招牌涼雞米線一碗8元，粗米線特別Q彈，加上辣椒油、醋、醬油、碎花生等醬料，鹹中帶甜，還有點微酸，滋味難以形容，配上滷雞腿、滷雞皮、雞爪等，好吃實惠，還能吃飽。

✉ 大理古城人民路141、198號 ☎ 872 689 5609 ⏰ 09:30～20:00 💲 小碗8元、大碗10元 ➡ 人民路中段，位於復興路和廣武路間 ℹ 此為清真小吃，嚴格限制攜帶外食和飲酒 MAP P.144

❶ 滑爽的米線搭配酸甜醬料，夏天來碗涼雞米線實在過癮 ❷ 旅遊書上推薦的第一站小吃「再回首」

88號西點店 西餐
獨家推薦德國香腸配酸菜

在大理古城「一代新店換舊店」的趨勢下，88號西點店算是異數。不僅擴大店面，而且生意越發興旺，主要還是德國店主對原料和品質的堅持，每天都有歐式麵包和蛋糕新鮮出爐。這裡提供早、中、晚餐和下午茶，推薦歐風麵包、各式甜點和德國香腸配酸菜；一樓是禁煙環境，有免費無線網路，提供英文報紙。

✉ 大理古城人民路17號 ☎ 872 267 9129 ⏰ 08:30～22:00 💲 雲南小粒咖啡15元 ➡ 人民路往蒼山方向走，過博愛路100公尺 MAP P.144

❶ 擴大經營的88號西點店很受本地人喜愛 ❷ 三五好友相聚露天庭院，很是悠閒 ❸ 德國店主製作的甜點和麵包偏歐式

新星比薩房 西餐

10餘年歷史的石頭比薩烤爐

從2000年開店至今，店裡以石頭砌了一個專業披薩烤爐，昔日曾是大理唯一以木柴火烤的披薩，餡料、起司十足。過去筆者定居麗江時，只要路過大理，一定會帶孩子來這裡吃披薩，解解饞，如今大理的西餐廳越來越多，披薩也不是什麼稀罕事物，但對我來說，這家店更多的是家庭記憶。

✉ 大理古城護國路21號 ☎ 872 267 9251 🕘09:00～22:00 💲每人平均消費40元 ➡護國路往蒼山方向走，過博愛路口約50公尺 MAP P.144

❶用餐環境簡單家常
❷新星比薩房在古城已開了10餘年❸專業烤爐配上柴火烘烤，披薩自然好吃❹用料實在，口味絲毫不遜連鎖品牌

翠田餐廳 (Green Field Kitchen) 創意西餐

用田園風光來佐餐

不少人慕名來翠田用餐，彷彿品味的不是食物，而是某種情懷。這裡以無敵田園景觀佐餐，料理食材也由周邊農地就地取材。建議提前訂位，2樓的位置視野佳，都為蒼山腳洱海邊的農田風光所包圍。餐廳位置特殊、食材新鮮，且不時有明星出沒，因此成為大理新晉的網紅餐廳。

✉ 大理下雞邑5組386號(環海西路邊) ☎ 872 253 4067 🕘09:00～21:00 💲每人平均消費100元 MAP P.145

婷院私廚 家常菜

網路排隊名店

這是一家網路評分滿分的餐廳，但特點是位置難找，且排隊1小時等候位置更是稀鬆平常。位於廣武路的小巷中，不少遊客拿著手機按圖索驥而來，看到門口掛著客滿需排隊的告示，又悻悻然離開。招牌菜是小炒洱海蝦、鯽魚豆腐湯、爆炒田螺、紅燒魚、本地野菜等。

✉ 大理古城廣武路60號 ☎ 872 253 4768 🕘11:30～14:30，17:30～21:30，週三公休 💲每人平均消費60元 ➡在大理古城可由玉洱路或人民路轉進廣武路 MAP P.144

小段廚房　家常菜
必點桑葚優格

因明星光顧而在網路上小有名氣，點餐時還需要排隊。店裡以改良本地菜色為主，黃燜雞、糯香排骨、大理酸辣魚、普洱茶香雞等，評價不一，唯有桑葚優格獲得一致好評。店面小，客人多，服務品質就顧不上了。

✉大理古城人民路12號 ☎153 0872 7919 ⏰11:30～14:00；17:30～21:00 💲每人平均消費50元 ➡人民路往洱海門方向 MAP P.144

❶蜜漬的桑葚加上自製優格，小有特色❷部分餐廳因名人光顧而成網紅，小段廚房是其一

八萬四千味餐廳　素食
農場直送新鮮蔬食

2017年初開業的八萬四千味餐廳是大理首個以西式蔬食為主的無國界餐廳。擁有和大理大學合作的有機農場，傳遞從農場直供廚房的概念，讓來自全球的旅行者和本地食客能體驗國際化的素食美食。八萬四千味還計畫邀請不同國家、風格互異的素食廚師交流帶來新鮮、創意的蔬果美食。

✉大理古城蒼平街床單廠藝術區F-1-1 ☎872 252 6365 ⏰週一～六11:30～20:00 💲每人平均消費70元起 MAP P.144

❶❷不僅食材直供廚房，還精心設計讓素食色香味俱全❸餐廳的觀景臺上還可眺望蒼山❹位於大理古城床單廠創意文化園，空間文藝感十足以上(以上照片提供／八萬四千味餐廳)

向月球飛去

東北菜分量的實惠西餐

　　早餐吃膩了米線、餌塊、粑粑嗎？那就換個口味，睡到自然醒，再來個Brunch吧！這是古城小巷內開的小店，全天供應西式早餐，有古城最便宜的咖啡，網友評論「西餐廳的分量達到東北菜的水準」，法式烘蛋有滿滿的蔬菜、香腸、

培根和雞蛋，搭配鮮榨果汁，分量足，營養夠。

✉大理古城廣武路74號 📞189 1563 0862 🕐08:00～22:00，週三公休 💲早餐一份28元起 ➡在大理古城人民路往洱海門方向步行，遇廣武路左轉100公尺 🅼P.144

❶❸喜歡西式早餐的人，不要錯過這裡全天供應的早餐❷招牌菜之一的法式烘蛋❹所有的菜肴都在開放式廚房操作

(184)

唐咖

手沖咖啡是必點招牌

　　度假好時光怎麼少得了咖啡？幸運的是，特色咖啡館在大理古城並不稀有，其中，人民路上的唐咖小有名氣。開店4年，這裡有大眾熟悉的拉花咖啡，也有店主慢工細活的手沖咖

❶唐咖在大理古城有3家店，人氣頗佳❷店內提供多種咖啡，店員很有耐心介紹各種咖啡❸手沖咖啡是唐咖的招牌❹除了玫瑰芝士蛋糕等各式甜點，這裡也有早餐、簡餐可享用

啡。如果有時間，不妨預約一堂2小時手沖咖啡體驗課程。

✉大理古城人民路350號(飛鳥客棧旁) 📞872 256 0560 🕐09:00～22:30 💲每人平均消費40元 🅼P.144

住宿情報

大理周邊地區約有 3,000 多家酒店、客棧，昔日集中在大理古城和下關，近年洱海周邊上千家「海景客棧」成為熱門，可以依地理位置選擇。

與蒼山、大理古城同一側的海西 (洱海西邊) 區域，包括龍龕、才村、磻溪、喜洲、桃源幾個村鎮，優點是可看洱海日出，欣賞白族人民的田園耕種。

海東 (洱海東邊) 區域適合看蒼山的落日、洱海上空的「耶穌光 (延得耳效應)」、還有環湖途中各種美景。其中，最熱門的雙廊近年過度開發，已有 600 多家客棧，大陸遊客對此地情有獨鍾。

泊心雲舍・MCA `·高價奢華·`

位於古城南門外的MCA自1996年營業，是大理歷史最悠久的青年旅舍，主人愛好藝術並在客棧內設有畫廊，一度是大理的藝文地標。不過，2016年MCA青年旅舍步入歷史，在原址上改建了高端精品民宿「泊心雲舍・MCA」，環境設施和服務水準頗受消費者肯定。

❶將過去知名的青年旅舍改造成高端民宿，設施和服務媲美五星級酒店❷在微電影《生活在別處》中濃墨重彩描述的MCA客棧泳池，已改造成今時模樣❸位置絕佳的泊心雲舍，觀蒼山、賞洱海近在咫尺(以上照片提供／泊心雲舍・MCA)

✉ 大理古城文獻路44號 ☎ 872 267 3666 💲 900元起 http
www.passingcloud.cn MAP P.144

> ### 行家小提醒
> #### 政府大動作整治洱海客棧
> 2017年3月31日大理官方頒布「史上最嚴治理令」後，洱海周邊近2,000家餐飲、客棧關門大吉。以昔日人氣最旺的雙廊來說，600多家客棧餐飲證照齊全的不到70家，也就是近九成客棧餐飲都要停業整改。而證照齊全的客棧也要在檢測汙水排放無虞後，才能恢復營業。計畫前往大理遊玩，或想住海景客棧的遊客，行前都要上網確認，多半的海景客棧在這波大規模的洱海整治行動中前途未卜。

既下山精品酒店 ·高價奢華·

在大理傳統建築外觀中大膽使用木紋清水混凝土結合基地回收的石材，展現極簡和禪意的空間概念，是大理古城內辨識度極高的精品酒店。既下山酒店共有14間客房，每間客房都有其主題，營造關於目的地歷史與人文體驗。此外，既下山還提供管家式服務，可訂製旅行服務。目前除了大理古城·既下山，大理地區還有既下山·拾山房蒼海高爾夫酒店和大理沙溪·既下山等精品酒店。

✉ 大理古城葉榆路51號 ☎ 872 268 6864、153 6898 6864 $ 1,000元起 MAP P.144

❶每間客房都設定一個與本土結合的主題，例如茶馬古道用品、甲馬(大理民間木刻版畫)等❷在大理古城白族民居外觀之下隱藏的驚艷之作(以上照片提供／大理古城既下山精品酒店)

德芬公館 ·高價奢華·

大理古城一號院(The One Resort)是古城內唯一的庭院度假酒店，設計了71套風格各異附獨立院落的別墅和101間客房。出入交通便利，到人民路、洋人街步行5分鐘。電影《心花路放》曾在此取景，據說，此處常有明星出沒。

臺灣作家張德芬在古城一號院也有「德芬公館」和「德芬小公館」，前者面積200平方公尺，3層3間臥室可容納6人，整棟2,880元；後者面積

❶一家人或三五好友住在一整棟別墅，十分愜意❷起居室、餐廳、廚房等公共空間均可使用，更像在大理的一個家以上(以上照片提供／德芬公館)

100平方公尺，2層2間臥室可住4人，整棟1,880元。2套別墅均有客廳、廚房、私人花園、生活配套設施和私人管家。

✉ 大理古城博愛路9號 ☎ 153 6899 0005 $ 1,800元起 ➡ 古城博愛門向北120公尺 MAP P.144

綠社

• 特色風格 •

　　綠社在2016年底開業，有10個房間，每個空間都支援主人環保理念：九成以上的木地板和家具是回收木料製作；減少一次性用品，使用純天然洗浴用品、可降解的秸稈牙刷、澱粉製作的浴帽。

✉ 大理鎮才村16組　📞872 250 0005、153 6899 0005　💲老房子改造的複式花園套房980元，可住2大2小，含早餐　➡才村碼頭2路公車終點站

❶綠社一如其名，透過打造洱海邊的家，逐步落實綠色的生活形態 ❷在緊鄰洱海的陽臺上曬太陽、發呆 ❸雖不是360度海景視野，綠社海景房含蓄而有餘裕(以上照片提供／綠社)

木溪精品客棧

• 特色風格 •

　　雖然不是目前正夯的海景客棧，但是木溪主人改造原有的白族民居，公共空間和客房細節處處有驚喜。院落角落打理得十分有味道，金柱、紅豆杉、多肉植物充分顯現當地人親近自然、蒔花弄草的熱愛。在此住宿，可享受免費到寂照庵禮佛吃齋飯的行程安排。

✉ 大理市感通路萬慶莊　📞872 269 7717、189 8708 2257　💲400元起　➡走214國道遇大理鎮二中後第一個路口(064鄉道)右轉

❶院子裡還搭了一座觀景平臺，可看洱海蒼山 ❷木溪有10間風格互異的客房，挑高的空間適合親子同住 ❸白族民居特別重視庭院花草樹木 ❹客房空間簡潔且具設計感(以上照片提供／木溪精品客棧)

大理空氣花園客棧 ·特色風格·

改造過去老舊民居，400平方公尺的面積只有4間客房，擁有超低密度的大院子。當初修繕房屋時都完好保留原有的李子樹、石榴、木瓜、桃子樹，並為這些樹木預留生長空間，在這裡賞樹賞花觀星月，喝茶喝酒喝咖啡，無任愜意。

....

✉大理古城三月街中和坊社區北賽馬場南 📞872 251 3430、133 6872 6750 💲580元 ➡214國道轉入三月街上坡，遇中和坊酒店右轉後直行200公尺 ℹ不接待10歲以下小朋友

❶花園花木扶疏❷改造民居時刻意保留的李子樹現為院落亮點❸❹超大的客房和院落，位在蒼山腳下的小院十分舒適(以上照片提供／大理空氣花園客棧)

貓貓果兒庭院客棧
（大理人民路店）　經濟實惠

　　網路上頗受好評的客棧，位於人民路上，近洱海門，出門閒逛用餐都十分方便；公共空間和客房也算有設計感，以200元上下的價位來說還不錯。此外，在人民路下段6號和三塔倒影公園旁各有連鎖客棧。

✉大理古城人民路419號　☎872 247 4653　$180元起
➡大理古城洱海門進入人民路約200公尺　ℹ接受電話預定，入住前記得以電話確認；不需押金、訂金　MAP P.144

❶看書、上網、聊天的公共空間❷起居室一角❸貓貓果兒就在熱鬧的人民路邊，很容易找

暖煦微棧　　經濟實惠

　　和別的青旅不同，這裡只有一間大床房和一間4人房，最多也只能住6個人。主人Lily曾經在麗江開青旅，如今移居大理在蒼山腳下，希望和每個訪客有更多互動，交換旅行故事。

✉大理古城石門村9組87號　☎152 8720 2786　$床位35元，大床房128元　➡在大理火車站搭乘三塔專線到人民路口下車，由公車站往上走300公尺

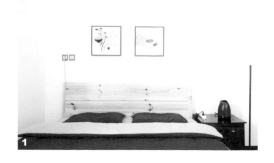

❶簡單卻不失舒適的客房❷是住家也是民宿，可使用客廳和廚房❸背倚蒼山的小小陽臺可以遠眺三塔(以上照片提供／暖煦微棧)

麗江

評價兩極，旅遊人氣當仁不讓

麗江是個很特別的地方，不存在所謂的灰色地帶，要嘛，驚為天人一見鍾情；要嘛，大失所望不過爾爾。因為這裡總被人放大審視，透過不同角度形成截然不同的印象。在我看來，麗江一直被過分高估，當然也被過度貶抑。所以踏入這個國度之前，不妨撇開預設立場，放慢步履，或許有機會發現它曾有、或仍有的魅力。

麗江速寫

面　　　　積	：20,600平方公里
常　住　人　口	：128萬人
平　均　海　拔	：2,400公尺
氣　　　　候	：高原季風氣候
年　　均　　溫	：15℃
年 觀 光 客 人 數	：3,519萬人(國內遊客占96%)
年　旅　遊　收　入	：608億人民幣
麗江旅遊投訴電話	：888 512 1802

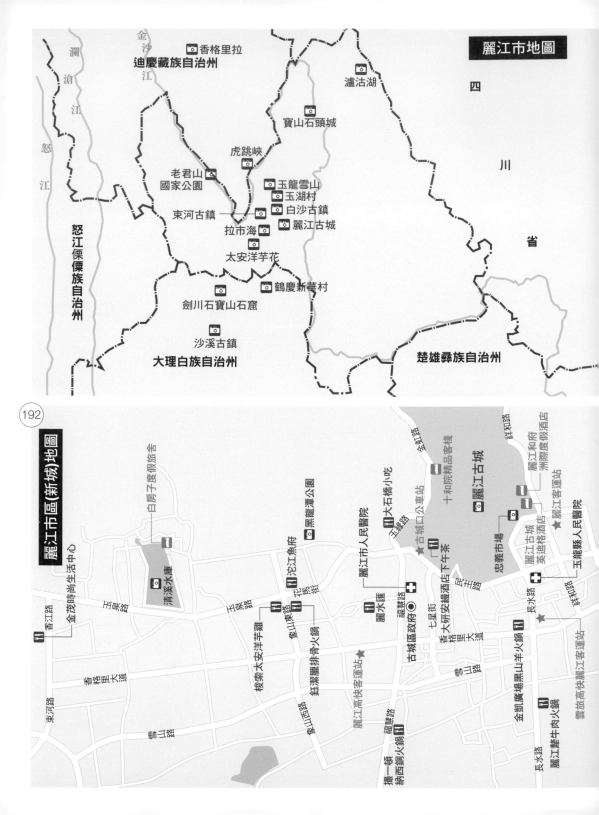

麗江市地圖

金沙江
迪慶藏族自治州
香格里拉
瀘沽湖
四
怒江
瀾滄江
三
寶山 石頭城
虎跳峽
老君山
國家公園
玉龍雪山
玉湖村
白沙古鎮
束河古鎮
麗江古城
拉市海
省
太安洋芋花
鶴慶新華村
怒江傈僳族自治州
劍川石寶山石窟
沙溪古鎮
大理白族自治州
楚雄彝族自治州

192

麗江市區(新城)地圖

麗江古城

祥和路
金虹路
麗江和府
洲際度假酒店
麗江客運站
金凱路
十和院精品客棧
白房子度假旅舍
黑龍潭公園
大石橋小吃
麗江市人民醫院
玉緣街
古城口公車站
麗江古城
英迪格酒店
清溪水庫
黑龍潭
沱江魚府
馬幫街
玉泉路
麗水匯
古城區政府
忠義市場
玉龍縣人民醫院
金茂時尚生活中心
玉泉路
七星街
福慧路
香大研安穩酒店
長水路
梭羅太安洋芋雞
象山東路
福慧路
民主路
祥和路
香江路
象山西路
鈺潔臘排骨火鍋
格里大道
香格里大道
古城高客運站
雪山路
麗江高快客運站
福慧路
金凱廣場黑山羊火鍋
雲悠高快麗江客運站
束河路
雪山路
長水路
搞一頓
納西銅火鍋
麗江犛牛肉火鍋

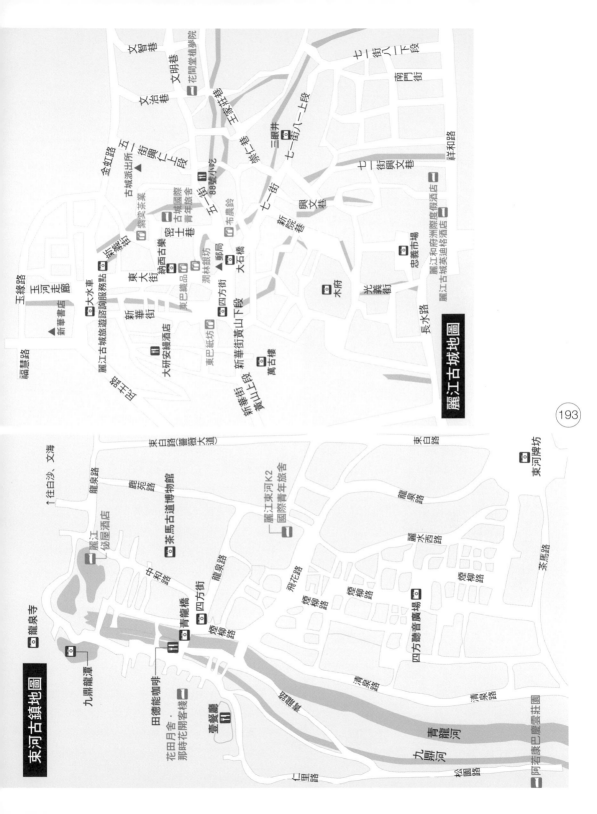

城市印象

少數民族鑄就了麗江不可替代的魅力(照片提供／趙林琳)

來自亞熱帶的人們面對窗外的雪山總驚呼連連

印象最深的麗江記憶是早晨推開門，一股冷冽清新的空氣竄進鼻腔；是自家院子裡的蘋果結實累累，長相難看卻清脆香甜；是窗外如畫的玉龍雪山，引得友人連連驚呼；是「面朝雪山，春暖花開」的地方，各種小確幸唾手可得。對我來說，麗江曾是一個可以靜下心來過日子的地方，一個原以為會終老於此的第二家鄉……

名列世界遺產
中國第一旅遊城市

麗江位於雲南省西北，地處雲貴高原與青藏高原連接處，面積2.06萬平方公里(相當0.6個臺灣大小)。128萬人口中有12個世居少數民族，其中彝族、納西族人數最多。納西族先民隋末唐初時在白沙現址定居，到了元代，忽必烈南征大理，以革囊度金沙江後在此練兵，此地因依傍麗江灣(即金沙江)得名「麗江路」。明洪武年間，納西族首領歸附中原，被賜姓「木」，歷經數百年木氏土司苦心經營，形成古城今貌。

數百年間，麗江以其優秀地理位置，成為茶馬古道上物資集散地。第二次世界大戰時，也在駝峰航線中扮演了運輸補給的關鍵角色。

1997年底麗江古城被聯合國教科文組織列為

❶❸除了古城魅力，麗江還有得天獨厚的山水(照片提供／鄭林鐘)❷寶石石頭城距麗江古城140公里，較少遊人專程前往(照片提供／和正剛)

「世界文化遺產」，周邊的三江並流列為「世界自然遺產」，至今仍在使用的東巴文是現存最古老的象形文字之一，也列入「世界記憶遺產」，麗江以其豐富的自然人文景觀吸引海內外遊客：1995年麗江接待遊客人數為85萬人，到了2016年躍升到3516萬人(臺灣到2015年才突破千萬遊客)，20年間翻了41倍！旅遊收入也從1995年的3.3億元人民幣到2016年的608億元人民幣，成長184倍！

　　要說全雲南、乃至全中國人氣最旺的旅遊城市，麗江當仁不讓。

文化放大鏡

此土司非彼吐司

　　土司為元代封授給西北、西南地區的少數民族首領的邊疆官職，相當於當地領主，可世襲。麗江的木氏土司歷經元明清三代、22世共470年，是麗江地區土地所有者，政治經濟的統治者。

麗江有三高：
海拔、名氣、物價高

　　當你站在古城五花石板路上，一邊是小橋流水，一邊是雪山藍天，還有繁花垂柳……自然而然會失去某種現實感。入夜後的古城更是迷幻寫實：LED燈管穿越每個屋簷，酒吧裡播著高分貝音樂，配合著眩目的燈光、嘶啞的歌聲、微醺的酒精、旋轉的民族風五彩裙擺……當「酒吧一條街」成了大陸景區的配備，麗江也不例外。原本蒼老的靈魂，今日濃妝豔抹，曾有的古老質樸早已面目模糊。

這裡不是最後的天堂

　　大陸媒體人、《新周刊》總主筆肖鋒曾說：「麗江開始是背包客的麗江，那時麗江清新脫俗，宛如世外桃源，地震後一舉成名的麗江是遊客的麗江，人潮擁擠，彷若市集，麗江漸成雪山古城背景下的大賣場，現在的麗江是一個過度消費的品牌，像是個過氣的明星，靠不斷炒作緋聞維持人氣。」曾在10年前造訪此地的人幾乎都有相似的慨嘆，難怪歌手趙雷在《再也不會去麗江》嘶啞唱著：「這裡不是最後的天堂……」麗江到底怎麼了？

過度膨脹的旅遊業

　　最簡化的答案是觀光客太多，錢來得太快、太容易，很多人上嘴唇一碰下嘴唇就有現金入袋，人心如何不變？計程車司機理直氣壯拒載不跳表；小販店商漫天喊價宰客；我自己遇過惡劣的納西族房東(還不止一位)，違約漲房租臉不紅氣不喘；「愛要不要，不要拉倒」，他們表現得有志一同。麗江官方微博甚至對遊客公開嗆聲：「有你不多，無你不少」，也不令人意外。

　　海拔高、名氣高、物價高，麗江今天是名符

麗江的夜是人為打造出來的迷幻空間

其實的「三高城市」。熱錢湧入，物價上漲，房租上漲，然而住宿、餐飲、購物、服務卻少有創新與提升。旅遊行業的扭曲，也造成價值觀的扭曲，「豔遇之都」、「一夜情」成了曖昧賣點，少數旅遊從業人員對遊客言語、行為粗暴，甚至本地人暴打遊客，都讓麗江「名聲」雪上加霜。

　　曾經，麗江是療癒的目的地，曾幾何時，麗江卻成了傷口本身。曾經，麗江是喧囂浮躁年代的片刻安住，如今麗江是喧囂本身，在浮躁的人心中載浮載沉。

❶麗江古城四時鮮花不斷，難怪吸引遊人無數(照片提供／趙林琳)❷半是戲謔的廣告也反映了部分心態(照片提供／鄭林鐘)

再尋詩意和遠方

　　這些年，有人陸續離開麗江，有人仍一往

我曾在古城擁有的一處小院，幾乎就是理想生活的瞬間

麗江的日常不外乎藍天青瓦白牆

情深。看麗江朋友發的微信朋友圈，雪山、藍天、雲彩、鮮花、美食、朋友歡聚……其實，人生美好的片段不正是這些？

如果有一天你來到麗江，可以選擇不做「任人宰割」的觀光客：早起跟客棧老闆借個背簍，步行在古城五花石板橋，穿梭在古城迷宮似的巷弄，往忠義市場的方向走去，欣賞攤子上各式乾果香料、婦人從農村挑來自家栽植的新鮮蔬果，再欣賞揮舞屠刀賣肉的納西婦女與客人討價還價的生活畫面，最後來一份炸土豆或雞豆涼粉犒勞自己；或戴上草帽、騎上單車，把古城拋在身後，向雪山、草甸、農村的深處行去……

一個院子，一杯茶，一本書，白日蔚藍，夜晚繁星，詩意和遠方近在咫尺。一種純粹而理想生活曾經真實發生，在麗江。

麗江人眼中的麗江

在地觀察

執導官方宣傳片《麗江歡迎您》的導演和照是土生土長的納西人，曾在深圳工作11年，2003年回到麗江從事紀錄片創作，其導演的文化紀錄片《聆聽中國：傳承》在中央電視臺播出。和照本身是少數民族，又是演奏民族樂器葫蘆絲的專業人士，他透過鏡頭和配樂呈現的《雲南一天》短片也屢獲大獎。

「麗江之所以被列入世界文化遺產，並不是因為納西族的傳統文化有多麼了不起，而是數百年來外來人口帶進來文化、建築、音樂、藝術……成就了今天的麗江。」和照認為應以更包容、學習的心態接納外來遊客和移民，也許麗江、束河今日發展出獨特的客棧文化，日後也有機會列入文化遺產。

大家詬病的麗江過度商業化，和照並不擔憂：「自古以來這裡就是茶馬古道上的重要市集，數百年來都是商業掛帥。」他擔心的是家鄉自然資源被快速掠奪消費，尤其麗江境內水力資源豐富，是大陸西電東送的主要基地，金沙江興建多個水電站造成超過10萬人移民，使當地文化傳統急遽流失，這些更值得發展旅遊業之餘深刻省思。

城市交通

市區交通

除了以下介紹的交通工具，也可使用網約車暢遊麗江。

公車

公車票價1元，上車投幣，不找零。營運時間07:00～21:00(個別路線例外)。

麗江公車路線多，出行前可先了解搭乘路線

常用公車路線

3路：經忠義市場、古城口、黑龍潭公園、清溪水庫

4路(火車站專線)：經黑龍潭、古城口、忠義市場

6路：經黑龍潭、清溪水庫、白沙壁畫、玉峰寺、玉水寨

8路(麗江客運站環線)：經高快客運站、古城口、黑龍潭

11路：經忠義市場、古城口、高快客運站、束河口

16路(火車站專線)：經香格里大道、高快客運站、象山市場

17路：經清溪水庫、白沙、玉湖村

計程車

麗江現有約700多輛計程車，與每年千萬觀光客相較，自然一車難求。有一段時間，麗江計程車幾乎成了「全民公敵」，不跳表、拒載、亂喊價、服務態度差……現經整治，情況稍有改觀。

麗江計程車昔日備受病，現經整改稍有改

📞 麗江計程車投訴電話：888 518 2908

💲 白天起步價8元，起步里程2公里，之後每公里2.6元；夜間起步價9元(23:00～7:00)，起步里程2公里，之後每公里3元。允許免費等候5分鐘，之後每等候5分鐘，白天加收2.6元，夜間加收3元。

包車

麗江有很多私人廂型車在機場和各景區提供包車，從機場到麗江古城約80元(21:00後100元)。但搭乘這種無營運資格的黑車人身安全較無保障，司機也容易推銷旅客到有回扣的客棧、餐廳、商店消費。

自行車

「共享單車」的風潮席捲雲南，麗江也不例外，特別是外形亮眼的小白車(Baicycle)，只要在手機下載APP，刷二維條碼開鎖即可使

電動摩托車是年輕人喜歡的騎行工具(照片提供／鄭林鐘)

用，每半小時收費1元。不過，自行車只能在新城晃悠，古城內不許任何車輛行駛，自行車只能推行。許多人會租自行車騎往束河古鎮，從麗江古城到束河約6公里。如果體力OK，也可以一路騎到距麗江古城12公里的白沙古鎮。但必須將自行車上鎖保管，長時間騎車要注意防曬。

聯外交通

飛機

有關麗江三義國際機場詳細資訊，請參見P.75「從麗江三義機場到市區」。

客運

在麗江汽車客運站可搭車前往昆明、大理、下關、香格里拉、西雙版納等雲南主要城市。欲搭乘客運可使用以下3種購票方式：

1. **電話購票**：致電客運票務中心，可送票上門。電話：888 512 0999
2. **網路購票**：www.4006510871.cn(雲南票務網)

火車

麗江開往昆明的火車有6班，K9608朝發夕至，其他是夕發朝至的臥鋪車。大陸火車分硬臥(6人1隔間)、軟臥(4人1包廂)；如果想體驗坐火車的滋味，可考慮票價稍高的家庭房(可住3人)，兼顧私密和安全性。

麗江火車站

- ✉ 麗江市玉龍縣黃石鎮五台社區南口路
- ☎ 12306、95105105(中國鐵路客服中心)
- 🕐 07:00～23:00
- ➡ 1.在古城口乘坐4路公車直達火車站
    2.從古城南門白龍廣場乘坐18路公車直達火車站
    3.從古城口坐11路公車到福慧市場，轉16路公車到麗江火車站
- ℹ 可上網訂票，或到魚米河商業步行街古城火車票代售點購票
- http://www.12306.cn

www.ynqcp.com(雲南汽車票網)
www.changtu.com(暢途網)

3. **微信購票**：目前麗江(含麗江汽車客運站、麗江市高快汽車客運站)、永勝、華坪、寧蒗、瀘沽湖五個客運站開放微信售票。在微信介面右上角點擊＋(加入朋友)，選擇公眾號，輸入「麗江交運」搜尋即可。

	麗江汽車客運站	麗江市高快客運站	雲旅高快麗江客運站
地址	麗江市古城區康仲路25號	麗江市古城區香格里大道933號	麗江市古城區長水路329號
電話	888 512 1106	888 514 0888	888 512 5492
時間	06:30～21:00	07:00～21:00	07:20～19:30
網址	www.ynljjt.com	無	無
班車資訊	每天5班車從麗江到昆明，票價217元／人，車程約7.5小時	目前只有發往昆明和下關的班車，車次少，且耗時	每天3班車從麗江發往昆明(8:30、10:30、13:00，215元／人，車程7.5小時)，中途經大理(下關)。班次少，行前請去電確認
交通指引	8、11、12路公車可達	8路、11路、13路、16路公車可達	6、11、13路公車可達
注意事項	非必要不建議搭臥鋪車，車廂彌漫各種氣味，且財物丟失時有所聞	無	無

節慶文化

麗江的納西族信仰多元，包括東巴教、佛教、藏傳佛教等；每年會有祭天、祭自然、祭祖儀式。同時因漢化較深，漢族的春節、端午節、中秋節等傳統節日也十分重視。

棒棒會

納西族昔日以務農為主，農曆春節過後準備春耕，於是在正月15日舉行「棒棒會」用以購買交換耕作所需農具，象徵假期的結束和春耕的開始。市集上擺滿了鋤頭、圓鍬、掃把……各種工具的木質棍棒而得名「棒棒會」。

每年一度的棒棒會在昭慶市場、象山市場和香江花園市場舉行，現場有竹、木、鐵農具、果樹苗木、花卉、小吃等，還有農民從山上搜羅的奇形怪狀樹根，可拿來做根雕、茶桌、花架，或改造為家居飾品、落地燈。這類產品的銷路不錯，很快就被搶購一空。

❶棒棒會是麗江最原汁原味的本土市集❷除了農耕用具，各種樹根、根雕也很受歡迎❸東巴祭祀場景(照片提供／和正剛)

三朵節

每年農曆2月8日是納西族的重要節日「三朵節」。「三朵」是東巴經典以外的民間信仰，指的是納西族的本主神靈和最高保護神，傳說是騎白馬、穿白甲、戴白盔、執白矛的戰神，另有一種說法是玉龍雪山的化身，庇佑此地人民平安。

昔日南詔王仿效中原封五嶽，三朵神又稱為「北嶽神」，亦為忽必烈政治加持，現在位於玉龍雪山南麓的北嶽廟祭祀的正是三朵神。因傳說三朵屬羊，每年農曆2月8日和8月第一個羊日(農曆的未日)，必須以全羊祭祀，當地民眾也會盛裝赴會慶祝。目前大陸只有麗江因「三朵節」放假3天。

三朵節是納西族最重視的節日，東巴(納西族祭司)以各種儀式祭祀三朵神 (照片提供／蘇國勝)

古城周邊的村落仍會舉辦火把節慶祝活動

火把節

火把節又被稱為「東方狂歡節」，不止是彝族的專利，也是白族、納西族、拉祜族、哈尼族、普米族等多個少數民族的傳統節日；只是不同民族舉行火把節的時間、慶祝方式不盡相同。

納西族的火把節是農曆6月25、26、27三天，家家戶戶準備以木方捆綁高大粗壯的火把豎立在家門口，另外還會紮小型的火把綴以鮮花、火把梨、花紅(小蘋果)一類的水果。這一天，寨寨玩火把，家家樹火把，人人手持火把，祈福全年紅紅火火。不過，因麗江古城多木造結構，並列入世界文化遺產嚴格保護，現已不能在古城內燃放火把，以免釀成火災，只有古城周邊村落還保留相關慶祝儀式。

特色伴手禮

今日的麗江古城就像是一座古建築市集，大街小巷都是商店，但同質性高，與其他旅遊景區的商品大同小異，特殊或原創的商品並不多見。

東巴紙製品

說到具本地特色且攜帶方便的小物，我會推薦東巴紙製品，例如明信片、筆記本、日曆、小幅海報，送人、自用都很有質感。東巴紙為手工製作，厚實、耐磨、防蟲、保存時間長，過去用於抄寫東巴經文，如今開發成各種實用的紙製品。「東巴紙坊」在麗江古城有多個銷售點，部分店面會實地展示東巴紙的做法，可要求店員在所購買的商品寫下東巴文祝福文字。

東巴紙坊

✉ 麗江古城新義街四方街64號

☎ 888 511 2218

🕐 11:00～23:00

💲 10元～數百元

🗺 P.193

❶可以請店員幫忙以東巴文書寫祝福文字❷以東巴文編輯而成的各種小冊子特別有當地特色❸東巴紙坊在麗江古城、束河古鎮均有店面；現在還擴及大理和昆明

文化放大鏡

什麼是東巴文

東巴文為大陸少數民族納西族使用的文字，是一種比甲骨文還要原始的象形文字。這種圖畫的象形文字由「東巴(納西族的祭司、智者)」傳授，主要用於書寫東巴經文，一般納西族不一定能識別。東巴文約有1,400個單字，是世界上存活的象形文字之一，被譽為文字中的活化石。

❶布農鈴店內安靜,與店外喧鬧的大石橋恰成強烈對比❷除了傳統的茶餅,還有金瓜、沱茶、磚茶等各種形狀的普洱茶❸老外和上班族偏愛小巧的沱茶,沖泡方便

布農鈴

　　大石橋旁的「布農鈴」頗有歷史,以馬幫鈴鐺為靈感創作出各式各樣的風鈴,算是本地少數原創產品。店主布農1995年曾沿著滇藏茶馬古道的路線,徒步、騎行1,900公里,3個月後到達西藏拉薩。旅途中他以撿拾來的木板手繪梅里雪山和瀾滄江峽谷,繫於馬鈴和自己的胸上,一路上得到9位活佛的開光加持。後來布農自製布農鈴,成為別具特色的茶馬古道紀念品。據悉店主很早就買下現在的店面,才不至受到古城天價租金影響而搬遷或關門。

布農鈴

✉麗江古城大石橋旁

📞888 512 6638

🕐08:00～23:00

💲50元以上

http bunongbell.cn

MAP P.193

普洱茶

　　居住雲南多年,遺憾的是筆者不愛喝茶,也不懂品茶。特別是普洱茶學問博大精深,只有請本地賣茶的朋友淺白介紹:品普洱茶,第一要看外觀條索,第二聞氣味,看看有沒有倉儲味或黴味,然後看茶湯,湯色透亮,口感順滑回甘。此外,也可以視個人體質來選擇:腸胃不太好的人,可以喝安神養胃的熟普;想刮油降三高的人,則可選擇生茶。品質好一點的普洱茶十分耐泡,至少可15泡以上。古城內有很多茶葉店,此處推薦「紫棠茶業」,開店10餘年,品質信譽有保障。

紫棠茶業

✉麗江市古城區新義街積善巷41-42號(近小四方街)

📞888 518 4527

🕐10:00～23:00

MAP P.193

民族風織品

放眼古城，女性幾乎是人人一條披肩，並不是因為物美價廉，而是此地日夜溫差大，可保暖又可防曬的披肩一物多用，算是實用單品。筆者推薦「東巴拉羊毛披肩」，羊毛厚實，印有納西族傳統紋飾或東巴文字，實用且具麗江特色。披肩、方巾、民族服飾、床罩、床單、化妝包、布包等，都由麗江毛紡織廠生產，號稱「麗江唯一貨真價實的紡織精品」。

東巴拉羊毛披肩

✉ 麗江市古城區新義街151號(納西古樂會旁)

📞 888 512 3345

🕐 09:00～22:30

💲 20～1,000多元

🗺 P.193

除了銀飾，還可以製作茶壺、杯子、筷子等生活用品

色彩鮮豔的圍巾、披肩，依機器大量生產或手工製作價格差異大

銀飾

少數民族喜戴銀飾，從出生嬰兒的長命鎖到油盡燈枯時口中含銀，人生每一個階段都少不了銀飾。筆者女兒從小到大都戴著銀手環，即有祝福、辟邪寓意。銀飾品含銀量差異甚大，最好的是S990雪花銀，其他硬度較純銀高的S925銀(含銀量92.5%)，則會做成繁複花樣的耳環、掛墜。

在麗江，銀飾價差大：一般自製自銷的個人小店1克10～12元；大型品牌的銀器店、旅行團光顧的購物店1克要價20～30元，因為至少要給旅行社或導遊三成回扣。讀者若有興趣，可至潤林銀坊諮詢。

潤林銀坊

✉ 麗江古城新華街翠文段150號

📞 159 8793 7757

🕐 09:00～24:00

💲 10～12元／公克(依國際銀市的價格變動)

🗺 P.193

忠義市場也有專售少數民族服飾和鞋子的店

似乎起源於非洲的手鼓不明所以在麗江大紅大紫

民族音樂CD

　　穿梭古城的小橋流水，耳朵不得閒，處處播放各種民謠和手鼓伴奏的樂聲，特別是歌手侃侃的《滴答》、小倩的《一瞬間》、洗腦神曲《小寶貝》等，簡直就是古城「國歌」，想不跟著節奏哼上兩句都難。古城有許多小店出售音樂CD和大小手鼓。不過臺灣很重視智慧財產權，還是買正版CD為佳。

瓦貓

　　大理、麗江的傳統民居屋頂上都立了一隻瓦貓。據說是因為彝族、白族都崇拜老虎，但老虎兇猛體型巨大，不宜供奉在家，而化虎為貓，以嘴大、利齒的瓦貓替代。自家屋頂立瓦貓為的是鎮宅辟邪。工匠以陶土製作的瓦貓形態表情各異，不失為旅途中特別的紀念品。忠義市場和古城部分商店有售瓦貓。

瓦貓形態表情互異，有些猙獰，有些可愛

留心四望，瓦貓總在天空某處守候

行家小提醒

挑選土特產注意事項

野生菌

　　忠義市場販售很多乾燥的野生菌，但筆者曾上當買回了雜菌，建議可去當地超市購買正規廠商生產的袋裝乾菌。

夏天到雲南，必須大快朵頤新鮮野生菌(照片提供／鄭林鐘)

海棠果

　　推薦忠義市場裡納西老奶奶販售的自家乾果，其中曬乾的「海棠果」功效近似蔓越莓，開胃、利尿、消炎，可煮水後加冰糖當飲料。

雲南小粒咖啡

　　小粒咖啡口感乾淨平順，酸度佳，苦味弱；不過古城內販售的咖啡品質參差不齊，到處可見 3罐15元的桶裝咖啡，喝不得，也買不得。

千萬不要買便宜的罐裝咖啡

犛牛肉乾

　　飄香四溢的犛牛肉乾也不建議購買，一方面是肉品不能攜入臺灣，而原料是不是犛牛肉，還是個問號。

瑪咖

　　過去麗江最富盛名的保健食品是螺旋藻；近幾年商人則一窩蜂炒作瑪咖，賦予其「天然壯陽藥」的神奇功效，一時間蔚為風尚，如今供大於求，價格大跌。遊客不妨在當地餐廳嘗一下瑪咖泡酒或瑪咖燉雞即可。

一窩蜂種植瑪咖後，價格一落千丈

特色飲食

臘排骨

說臘排骨是麗江的「美食門面」，應不為過。昔日家家戶戶殺年豬，將新鮮排骨以鹽、香料醃製，掛起來風乾，因其保存時間長，一年四季都有肉可吃。晾曬好的臘排骨須先浸泡水中5小時，去除其鹹味後清洗備用，然後，將臘排骨熬湯，在濃郁的肉湯裡加入番茄、芹菜、韭菜根繼續熬煮，湯頭清新爽口。本地人習慣先吃完鍋中的臘排骨，再燙薄荷、茨菇、板藍根、粉條、蓮藕、山藥等配菜。排骨和配菜都需佐蘸水。

過去臘排骨之所以特別，是因為自家殺的年豬全以玉米、蔬菜餵養至兩三百斤，完全不餵飼料，這種「生態豬」肉質自然鮮美。今天餐廳提供的臘排骨是大量生產的肉品，口感自不如昔。觀光客喜歡到古城北邊的象山市場找尋各種老字號臘排骨，不過這裡的用餐環境和衛生條件很普通；如對用餐環境要求較高，一般餐廳也都提供臘排骨火鍋。

米灌腸

和臘排骨一樣，納西族小吃「米灌腸」也是殺年豬的附屬產物，務必把豬的每一個部分利用得淋漓盡致。殺年豬時婦女會把豬血、大米和各式香料攪拌均勻，灌入加工過的豬腸製成，風乾後切片用油煎或蒸煮，撒上辣椒粉就可食用，做法近似臺灣的「豬血糕」。現在也有創新做法，將切片的米灌腸置於蒸蛋上，別有風味。

❶臘排骨的傳統吃法是火鍋 ❷現在也推出乾鍋臘排骨(照片提供／張耀) ❸米灌腸近似臺灣的豬血糕，惟以油乾煎佐辣椒粉食用

雞豆涼粉

雞豆是麗江獨有的高海拔雜糧，因其籽粒形狀像雞的眼睛而得名。把雞豆磨碎後煮熟，凝固後便成灰綠色的涼粉。夏天可以選擇涼拌，把雞豆涼粉切成寬條，用碎花生、韭菜、香蔥、蒜蓉、辣椒和醬汁調味，口感滑溜開胃；另一種做法是把雞豆涼粉切片，放入鍋裡油煎至兩面金黃，沾蒜蓉、薑末、辣椒、花椒、韭菜等調味，滋味截然不同。

雞豆涼粉和豌豆粉就像「表兄弟」，只是原料不同

夏天不妨點一道涼拌雞豆涼粉，開胃爽口(照片提供／張耀)

米涼蝦

雲南特色甜品有限，米涼蝦和木瓜水算是比較常見的。涼蝦是以大米製漿煮熟，把米漿過漏勺漏入涼水盆中凝結而成，因為頭大尾細、形狀似蝦而得名涼蝦。一半涼蝦，一半冰粉(類似臺灣愛玉，色透明，果凍狀)再加上糖水，別有滋味。

麗江粑粑

麗江粑粑名氣不小，昔日是行走在茶馬古道上的必備乾糧，熱量足，保存時間長。現在古城大街小巷都有賣麗江粑粑，採用本地麵粉和泉水(只是傳說)揉製，再加上火腿、豬油、糖、芝麻、核桃配料以平底鍋烘烤。和大理喜洲粑粑現做現烤不同，古城裡賣的麗江粑粑多是從作坊批發的，稍嫌油膩，還不如嘗嘗路邊的油煎粑粑(有點像蔥油餅，可加雞蛋)，或餐廳裡的水燜粑粑、苦蕎粑粑、玉米粑粑來得更可口。

❶❷略顯油膩的麗江粑粑適合多人分食，淺嘗味道即可(照片提供／張耀)❸同為「粑粑」家族，玉米粑粑未見油膩還帶著玉米的香甜(照片提供／鄭林鐘)❹小吃品項著實有限，麗江粑粑反倒搶盡風頭(照片提供／鄭林鐘)

酥油茶配粑粑

酥油茶是藏族特色飲料，在高寒、缺氧環境下能夠快速補充能量；在少數民族眾多的滇西北地方，也有喝酥油茶的習慣。麗江的酥油茶是將犛牛牛奶提煉的酥油放入狹長木桶中，加上食鹽，注入熬煮好的濃茶，以木柄在木桶中攪拌均勻製成的，本地人稱「打酥油茶」。這裡的人喝的酥油茶是鹹的，若是喝不慣，可要求改放糖，口感有點像濃郁的奶茶。通常供應酥油茶的餐廳還會有一道「奶渣」，近似奶酥麵包裡的奶酥，塗抹在粑粑上酸甜開胃。

市場有售大塊的酥油，即從犛牛牛奶中提煉的黃油，一旁是打酥油茶的特製茶筒

三文魚

麗江雖身處高原內陸，但以河鮮為主角的菜色可不少，例如「雪山魚(丁桂魚)」、酥炸醃

距離海洋十萬八千里，空運來到高原的海鮮自然價格不菲(照片提供／鄭林鐘)

漬入味的鯽魚或鯉魚後佐以大量辛香料的「納西烤魚」，還有本地特有的「三文魚」。這裡的三文魚不是我們理解的「深海鮭魚」，而是以低溫淡水養殖(一般號稱玉龍雪山雪水養殖，但有點誇張)的鱒魚。三文魚三吃：魚肉片得極薄做生魚片或在火鍋中涮著吃、魚頭魚骨燉高湯、魚皮炸得酥脆沾椒鹽吃。

值得一提的是，生魚片不可或缺的Wasabi，其原料山葵(不是辣根，也不是芥末)是麗江本地作物，製成的Wasabi還外銷日本。

野生菌

夏天到麗江有額外的口福，那就是可以餐餐大啖野生菌，想像一下松茸土雞湯、炒雞樅、野生菌火鍋……豈止是小確幸而已。每逢雨季，麗江周邊大量生產野生菌、雞樅、松茸、牛肝菌、羊肚菌等；屆時大小餐廳都會推出野生

「沙西米」的做法最能在口腔中直接感受松茸的原味(照片提供／曹婭)

火鍋和時令菜色，最好早起去忠義市場，會有不少人挑擔販賣當天現採的新鮮野生菌，山珍一字排開，場面甚是壯觀。

在雲南，松露又稱塊菌，多用於蒸蛋(照片提供／曹婭)

上天恩賜雲南各種野生菌，松茸並非高不可攀(照片提供／曹婭)

各種火鍋

麗江因為海拔和天氣，火鍋的生意一年四季都很好；臘排骨火鍋、土雞火鍋、四川麻辣鍋、黑山羊火鍋、犛牛肉火鍋各有所好。筆者過去在臺灣不敢吃羊肉，怕那股腥羶味兒，但是麗江的羊肉卻沒什麼羶味。少數民族偏愛的黑山羊火鍋集中在金凱廣場一帶，帶皮新鮮的羊肉特別適合秋冬進補。

此外，犛牛肉火鍋也值得推薦，生長在海拔3,000公尺以上的犛牛是除了人類外，世界上生活在海拔最高處的哺乳動物，犛牛奶、犛牛皮、犛牛肉，全身上下都是寶。尤其犛牛是半野生放牧養成，肉質無汙染，營養價值和價格都比一般牛肉要高。麗江少數餐廳專營犛牛肉火鍋，犛牛肉涼片、犛牛乾巴……

前往高海拔地區旅遊絕對少不了品嘗各類火鍋

燃燒炭火的紅銅火鍋很有民族色彩

❶犛牛肉涼片，下墊有蘿蔔絲，必須打蘸水吃 ❷以犛牛肉大骨熬製的牛肉湯鍋口感濃郁

旅行小抄

私房推薦小吃店

除了文中所介紹耳熟能詳的麗江美食，有些小吃也值得專程一試：例如花馬街上「吉利鋪小吃」的涼麵、花馬街與玉福路口的「㸆肉餌絲」、魚米河步行街(福星街)的「臨滄雲縣土雞米線」、福慧路上的「康惠正宗蒙自過橋米線」、玉緣路190號的「大石橋炒飯」……都是特色庶民小吃。

必遊景點

麗江
市區

麗江古城
蜿蜒小巷裡尋訪800年風華

　　書寫自己最熟悉的地方，才知道最難下筆。想想從2005年第一次到麗江旅行，直至今日，進出古城不下數百回，敢誇口，站在古城任何一個角落都不會迷路。只是由初見時的驚豔到後來非必要絕不進古城，心情變化兩極。其實，古城還是小橋流水，青瓦飛簷，總有一枝不知名的花朵從土牆探出頭來……只要心靜得下來，在曲折巷弄駐足片刻，就能感受古城吸引這麼多人來來去去的魅力。

歷史特色

　　建於宋末元初的麗江古城迄今有800多年歷史；明清到民國均名「大研」，因而又稱「大研古城」。當時因統治土司姓木，古城未建城牆，否則「木」為城牆包圍而成「困」。

1

行家小提醒

前往麗江注意事項

　　麗江海拔約2,500公尺，一般人初到麗江少有高原反應，若擔心高原反應，可提前服用「紅景天」。初到高原忌快走、跑步和激烈運動，忌暴飲暴食，少煙酒，注意保暖，多補充水分。

　　麗江乾濕季明顯，5～10月為雨季，其他為乾季；年日照2,500小時，太陽輻射量居雲南之首，尤需注意防曬，太陽眼鏡、遮陽帽、遮陽傘、防曬品必不可少。加之日夜溫差大，無論何時來麗江，都要帶保暖外套。

散步路線

　　古城面積7.2平方公里(2012年前為3.8平方公里，後經世界文化遺產大會通過調整)，早晚風景大不相同，建議旅客可帶著地圖信步閒逛。喜歡攝影的朋友不妨一早出門，經過一夜喧囂，清晨的古城特別安靜可人，處處是風景，可以不受干擾地拍照；喜歡逛街的人不妨選擇黃昏時從東大街、四方街，走到七一街、五一街，享受高海拔地區的超長日光，延長閒逛購物的樂趣。因麗江夜生活慕名而來的人，入夜後當然要穿梭酒吧一條街，享受微醺的夜晚。但若遇到漂亮妹妹找你

行家小提醒

需繳交古城維護費

每位進入麗江古城主要入口或入住客棧、酒店的遊客，都須繳納80元／人的古城維護費，票據7日內有效，最好隨身攜帶，進入萬古樓、黑龍潭公園、白沙壁畫都需檢查票據；每天08:30～18:30還有稽查人員在古城的29個點查驗，補徵古城維護費。有時候，為「因應旅遊高峰，避免擁堵」，政府會取消在古城出入口查驗票據。換言之，如果不計畫前往萬古樓、黑龍潭公園、白沙壁畫、玉龍雪山等景點，進出古城可不交費用。不過，古城維護費政策多變，行前可先詢問欲入住的客棧酒店。

拼酒，可別以為是豔遇上門，很可能是「酒托」，結帳時帳單會十分驚人。

旅客服務

古城的玉河廣場、四方街、七一街、白龍廣場和南門都設有官方的旅遊諮詢服務點，提供嬰兒車、輪椅、雨傘、手機充電、行李寄存(限當天)等服務。解說員可以免費解說並協助規畫古城路線，中心內也接受遊客投訴，例如購物、行程……直接將投訴轉給旅遊、工商、質檢部門，並以電話或電子郵件聯絡遊客，告知後續處理情況。持古城維護費票據可免費遊覽古城內的景點，如普賢寺、方國瑜故居、納西人家等，還可試穿民族服飾、體驗東巴文繪畫、製作東巴紙等，詳情請洽各諮詢服務點。

麗江古城旅遊諮詢服務點

✉ 麗江古城口　📞 888 511 1601　🕐 09:00～22:00　➡ 由古城大水車入口進入，東大街與新義街口　🚶 10分鐘　MAP P.192、193

❶ 古城雖然商業化，但往蜿蜒小巷走去，仍有片刻的觸動 ❷ 大水車是麗江古城地標，遊客多由此進入古城 ❸ 古城夜景最是吸引攝影者的鏡頭 ❹ 早春時節，古城的月季燦爛盛開(照片提供／趙林琳)❺ 古城情調就在於小橋流水(照片提供／鄭林鐘)

旅行小抄

如何在麗江古城裡判斷方位

古城道路似迷宮，有個簡單認路的方法就是觀察水流。古城水源玉河起源於黑龍潭公園，然後一分為三：東河、中河、西河分支穿越古城人家，順流而下就是往南，逆流而上就可以到古城地標「大水車」。

四方街

觀賞納西族歌舞演出

四方街是所有古鎮的心臟,麗江、束河、香格里拉的獨克宗古城都是如此。麗江古城的四方街是昔日茶馬古道上重要的市集,同時也是當地民眾節慶、歌舞、社交活動的中心;如今四方街依舊是古城最熱鬧的地方,遊客可以此為中心,往萬古樓、木府、忠義市場……放射線探索古城。每天11:00、14:00、16:00身著納西族傳統服飾男女會在此表演民族歌舞;晚上也有本地群眾聚集打跳,歡迎遊客隨時加入起舞。

❶數百年來,四方街就是古城的中心,人潮、商品從四面八方而來❷入夜後,四方街越發熱鬧,旺季時此地萬頭攢動、寸步難行(照片提供╱鄭林鐘)❸四方街每天定時有民族舞蹈演出

✉麗江古城中心廣場,新華街、東大街、七一街、五一街交會處 ⏰全天 ➡由大水車沿著東大街步行約500公尺 ⏳1小時 🗺P.193

忠義市場

麗江最大的傳統市場

位於古城南端的忠義市場是麗江最大的菜市場,也是最具本地人生活氣息的地方;推薦讀者早起去逛市場,吃早點,看日用銅器、民族服裝、乾菌、藥材等土特產,還能踱步到賣肉的攤位,磨刀霍霍殺豬的多是納西族婦女。納西族婦女一向以能幹著稱,張羅家庭內外,大小事一手包辦,納西族男性則被戲稱專司「琴棋書畫煙酒茶」,各司其職。

✉麗江市古城區長水路、祥和路交叉口 ⏰07:00～20:00 ➡從古城四方街往七一街轉光義街官院巷,步行約800公尺;或搭乘2、3、4、11路公車在忠義市場下車 🗺P.192、193

❶麗江周邊的三川火腿和鶴慶火腿都小有名氣❷納西奶奶穿著傳統服裝逛菜市場❸瓶瓶罐罐鍋碗瓢盆凸顯在地生活氣味

萬古樓

麗江市區

一覽古城全景的絕佳位置

　　無論白天還是黑夜，麗江古城最顯眼的地標莫過於獅子山頂的萬古樓。這座號稱「中國木結構建築第一樓」樓高33公尺，寓意當年麗江33萬人民；13個飛簷象徵著玉龍雪山13峰；樓體雕刻了披星戴月等2,300個吉祥紋飾，還有16根24公尺木柱一柱通天……這裡是俯瞰古城全貌的最佳位置，黃山上段沿途也有不少景觀咖啡館，可以用一杯咖啡交換「古城全景」。

◻ 麗江市古城區獅子山景區 ☎ 888 510 6290 ⏰ 07:00～20:00 💲 50元／人(需出示古城維護費收據) ➡ 從四方街沿著新華街黃山下段，步行約500公尺 ⏳ 1小時 🗺 P.193

❶沿途不少咖啡店都有風景可觀(照片提供／鄭林鐘)❷登萬古樓可欣賞古城全景，也可遠眺玉龍雪山(照片提供／鄭林鐘)❸萬古樓是中國木結構建築第一樓(照片提供／鄭林鐘)❹古城清一色土木結構的瓦頂民居在此一覽無遺(照片提供／鄭林鐘)

❶❷歷史上，木氏土司以「知詩書、好禮儀」聞名，木府建設也仿中原王室規模

木府

麗江市區

麗江土司木氏官邸

納西族木氏自元朝世襲麗江土司，歷經元、明、清三代470年之久，其官邸木府經過數百年修建，徐霞客到麗江看到木府的評語是：「宮室之麗，擬于王者」，建築之講究可見一斑。不過木府在清末遭兵火毀壞殆盡，1996年麗江大地震後，向世界銀行貸款，花了3年重建成今日的規模。

歷代木氏土司都以知詩書、好禮儀聞名，納西族在少數民族中也特別重視讀書(大陸少數民族高考多有加分優惠，納西族是例外)，木府外「天雨流芳」的牌坊就是提醒納西子弟「讀書去吧」！

⊠麗江市古城區光義街官院巷49號 ☎888 512 2572 ⏱08:30～17:30 💲門票60元／人(需出示古城維護費收據) ➡從四方街往七一街轉光義街官院巷，步行約500公尺 ⏳2小時 🗺P.193

(214)

❶

旅行小抄 大石橋與三眼井

麗江的美在於它的水，一川相連，三河穿越，家家流水。河流先行，才有街道、房屋和古城的形成，有水自然得有橋，354座

在束河古鎮偶遇三眼井(照片提供／鄭林鐘)

大大小小的橋串聯出古城無可替代的美感。其中，最古老也最具代表性的自是「大石橋」，長10公尺，寬近4公尺的雙孔石拱橋，數百年人馬往來而打磨得光滑的五花石橋面，見證昔日馬幫重鎮的繁華。

小橋、流水、人家少不了生活用水，三眼井是古城的特有景觀：依水勢流向由高向低串聯3個水潭，第一眼井是飲用水，第二眼井用以洗菜，第三眼井用來洗衣，一點都不浪費，不得不佩服古人的生活智慧。如今在七一街上有石榴井、八河井，光碧巷和白馬龍潭都還保留著三眼井，在21世紀的今天繼續使用。

三眼井體現環保和資源分享的先人智慧

麗江市區

清溪水庫
在地人的私房祕境

當初一時衝動在麗江買下了面朝雪山的房子，就在北郊清溪水庫旁，這是我們一家人晚餐後牽狗散步的路徑，也是本地人休閒去處。清溪水庫是本地水源地，步行堤壩上可看到玉龍雪山，還有水裡的雪山倒影，拍照效果不遜於黑龍潭公園。

⊠麗江市古城區玉泉路(近麗江帥專) Ⓖ全天 ➡搭乘3路、6路、17路公車在清溪水庫下車即達 ⌛1小時 ᴹᴬᴾ P.192

❶天氣晴好時站在水庫堤防上，玉龍雪山矗立眼前❷筆者的兒子、女兒從小就經常在清溪水庫嬉戲❸從清溪水庫看雪山，視野獨一無二(照片提供／白房子度假旅舍)

麗江

215

束河古鎮
茶馬古道上的著名皮匠村

麗江名氣雖大，不過關於麗江的文字、影像、音樂的經典作品卻十分有限，張藝謀2005年拍的《千里走單騎》算代表作，電影裡80%的外景都在束河拍攝。

從束河古鎮的牌坊進入，先進入大型仿古建築群，這是古鎮周邊大型的商業地產開發項目，非得走過四方街、青龍橋後的才是真正的古街道、民居。建於明萬曆年間的青龍橋是麗江最古老、最大的石拱橋；青龍河在橋下流淌，透過樹梢可眺望玉龍雪山，天氣好時，在大石橋上拍婚紗、寫真的人群摩肩擦踵。在束河可以看水，特別是清澈見底的九鼎龍潭和青龍河水草搖擺；還可以看狗，這裡的狗狗特別幸福，自由自在曬太陽，受到遊客青睞頻頻留影。

束河是茶馬古道上的重要驛站，明朝木氏土

❶斑駁的土牆保有了古鎮的古味(照片提供／鄭林鐘)❷束河古鎮有多個出入口，一般遊客多從束河古鎮牌坊進入❸青龍橋是麗江地區最大的石橋，見證千年滄桑(照片提供／程強)❹不像麗江古城的嚴格限制，束河的房屋街道裝飾風格多元(照片提供／鄭林鐘)❺束河的水特別清澈，水裡水外的綠意映照得越發青翠(照片提供／鄭林鐘)

司聘請江南工匠來此，為往來馬幫和當地居民製作皮具，束河慢慢成為茶馬古道上名氣響亮的皮匠村。和麗江古城的繁華喧鬧相較，部分遊客更偏愛束河，因為房租較麗江古城略低，還尚存一些特色小店、別有情調的咖啡店與客棧，稍能感受往昔慢活氣氛。如果時間許可，不妨在束河住一兩晚。

✉麗江古城西北7公里 ☎888 517 4636 ◷全天開放 $50元／人(需出示古城維護費收據)，但淡季時束河不收門票，平時從不同入口進入也不收票 ➡1.束河古鎮距麗江古城6公里，可租自行車騎行；2.從麗江古城搭計程車到束河約20～30元；3.在麗江古城口搭乘11路公車於束河口下，沿著束河路步行1.2公里即達束河古鎮牌坊；4.在福慧市場麗客隆超市搭乘攬客廂型車，3元／人 ⧖3小時～1天 www.ljshuhe.com ℹ古鎮內許多本地人牽馬吃喝騎馬遊束河，騎馬和旁觀者都要注意安全 MAP
P.192、193

白沙古鎮

麗江市區

古老傳統的納西小聚落

　　距離麗江古城12公里的白沙古鎮是麗江最古老的集鎮，是納西族最早在麗江地區發展的聚居地，也是木氏土司發源地。宋元年間，木氏先祖時就以白沙為政經中心，直到明初才移居至現在的麗江古城。

　　雖然與大研古鎮、束河古鎮同為世界文化遺產的一部分，但白沙卻難得保有往昔的靜謐，身著納西服飾的長者依然生活在傳統民居，2公里長的老街上賣的不外乎紮染(極可能是從外地批發來的)和假到不能再假的「古董文玩」，也許正是這種漫不經心做生意的心態，越發凸顯與麗江古城商業化的不同。

　　很多外國遊客專程為白沙壁畫而來，大寶積宮的明代壁畫規模最大，共12幅，繪有167個人物形象。在同一幅壁畫中，有佛教、道教，還有喇嘛教佛像，各種教派融合的表現方式實屬罕見。

❶距離麗江古城不過12公里，來到白沙彷彿穿越時空，安靜緩慢❷有別於麗江古城的商業化，白沙老街上的商店顯得漫不經心❸三三兩兩納西老奶奶擺個小攤，掙錢不多倒也打發時間

✉麗江市古城區白沙鄉 ☎888 517 4636 ◯全天開放 💲免費，白沙壁畫門票30元／人(需出示古城維護費收據) ➡1.從麗江古城騎自行車(約12公里)；2.乘6路公車，至白沙路口下車，車資2元／人；3.由麗江古城口搭乘計程車約40元 ⏳2小時 🗺P.192

黑龍潭公園

麗江市區

看倒映潭水中的玉龍雪山美景

　　從古城大水車逆流而上1公里來到黑龍潭公園。拱橋、古建築和清澈潭水倒映的玉龍雪山是公園遊人如織的主因。過去玉龍雪山的經典畫面都是在此取景拍攝，這裡也是本地人休閒散步的地方。

✉麗江市古城區民主路1號 ☎888 518 8041 ◯07:00～19:00 💲免費(需持古城維護費收據) ➡從麗江古城大水車沿著玉河走廊逆水而上，步行約800公尺 🗺P.192

白沙錦繡藝術院

珍藏傳統手工刺繡

筆者拜訪此地時正是深冬，白沙是一片黃褐色的建築和風景，但白沙錦繡藝術院卻像穿越進了春天，牡丹、荷花、穿著鮮豔少數民族服飾的女子活靈活現跳躍於針尖緞面。

這裡是麗江唯一一家民族傳統手工刺繡機構，在政府資助下輔導當地婦女學習傳統技藝。刺繡的主題有山水、花鳥、美女，也有以少數民族和東巴文結合的作品。解說的老師說，有39年繡齡的大師每繡一幅作品至少得花4個月，作品從數千到數萬元不等。另外也有圍巾、手拿包、書籤、名片夾等周邊商品，作品可代為郵寄至世界任何角落。

✉ 麗江白沙鄉三元一組17號 ☎ 130 9523 0290，聯絡人：楊院長 🕐 09:00～17:30 💲 數十元到萬元不等 ⏳ 1小時 🌐 www.lijiangethnicembroidery.com

(218)

❶此間是方圓百里唯一的繡院 ❷多年經驗的繡師作品價格不菲

玉湖村

玉龍雪山第一村

1921～1949年，美籍奧地利人洛克在麗江居住了27年，他為美國《國家地理雜誌》資助，對雲南地理、植被、民俗進行大量研究，拍攝千餘幅以民族風情為題材的照片，還翻譯東巴經書，著有《中國西南古納西王國》、《納西語英語百科詞典》。據說詹姆斯•希爾頓所寫的《消失的地平線》即是以洛克著作為背景創作而成。1936年2月3日，洛克租用一架飛機由昆明飛至麗江，繞行玉龍雪山後在白沙降落，是該地第一次有飛機降落，轟動一時。如今玉龍雪山山腳下玉湖村的洛克故居仍保留當年居住原貌，床、桌椅、地毯、火盆、書架、鬧鐘、馬燈都還在原處，彷彿等待主人再次歷險歸來。

✉ 麗江市玉龍縣白沙鎮玉湖村 ☎ 152 8728 2190 🕐 08:00～18:00(全年無休) 💲 洛克故居門票25元／人，非臺籍的外籍人士：40元／人 ➡ 玉湖村距麗江古城18公里，坐3路公車到象山路轉17路公車可到玉湖村廣場；也可搭計程車前往 ⏳ 2小時 📍 P.192

玉龍雪山

麗江市區

納西族人的聖山

距離麗江古城15公里的玉龍雪山，是北半球緯度最低、海拔最高的雪山，也是納西人心中的神山。

整座雪山由13峰組成，綿延50公里，主峰扇子陡海拔5,596公尺，是一座尚未被征服的處女峰。雪山旅遊資源豐富，有冰川景觀、高山草甸、原始森林、雪山水景等。景區內有3條索道(纜車)：大索道可達4,500公尺的冰川公園；第2條是雲杉坪小索道，到達3,240公尺的雲杉坪；第3條中索道可達3,100公尺的犛牛坪高原牧場。

玉龍雪山景區多，建議遊玩的路線是：進入景區到達甘海子後先排隊搭乘大索道→到冰川公園，沿著步道「攻頂」4,680公尺→搭大索道下山→乘電瓶車至藍月谷觀賞《印象麗江》演出。自由行的遊客可參加當地的玉龍雪山1日遊純玩團(約500元／人)；4人以上也可選擇包車出行。

4

❶近距離接近玉龍雪山，讓人對大自然心生敬畏(照片提供／程強)❷藍月谷藍綠相間的湖水猶如九寨溝美景(照片提供／鄭林鐘)❸高山湖泊、鈣化池、涓流瀑布……吸引遊人無數(照片提供／鄭林鐘)❹北半球最接近赤道的雪山，四季都有不同的面貌

✉麗江市玉龍縣 ☎888 516 1501 ⏰07:00～18:00(16:00停止售票)；大索道、犛牛坪索道、雲杉坪索道：07:30～16:00 💰1.大玉龍景區通票：230元／人(玉龍雪山、玉水寨、東巴谷、玉柱擎天、東巴萬神園、東巴王國、玉峰寺、白沙壁畫，2天有效，不含古城維護費、印象麗江、索道)；2.玉龍雪山景區門票：130元／人(含甘海子、藍月谷，當天有效，不含古城維護費、印象麗江、索道、電瓶車)；3.單個景點門票：玉水寨50元／人，冰川公園172元／人，東巴王國35元／人；4.其他活動費用：電瓶車20元／人，大索道182元／人，雲杉坪索道57元／人，犛牛坪索道62元／人(以上均為來回，含保險) ➡1.包車：視車型200～300元／天；2.在古城玉河停車場、南門停車場、麗君酒店和束河大門搭雪山直通車，每天09:00出發，17:00返回，票價40元／人。可在玉河走廊C區2-3號、客運中心站或高快客運站購票；3.上網預訂麗江到玉龍雪山往返直通車「簡途‧雲巴士」，每天有多班車次，來回60元／人 ⏳1天 🌐www.lijiangtour.com ℹ1.索道可能會因大風停運，行前請先了解狀況；2.入山會檢查古城維護費收據，請隨身攜帶；3.旅行團多半會提供防寒服、氧氣瓶、礦泉水，需事先詢問清楚；若前往4,500公尺冰川公園，大多數人會有高原反應，建議事先準備熱水、麵包、巧克力和頭痛藥；4.景區內設有餐廳、醫務室，也能租借防寒服(租金50元，押金另計)、氧氣瓶(68元起／瓶)。建議自備羽絨服、帽子、圍巾、手套等保暖衣物 🗺P.10、192

3

1 2

拉市海

騎馬、划船、賞候鳥

　　拉市海是雲南第一個以濕地命名的自然保護區，每年來此越冬的候鳥有3萬隻，眾多遊客慕名而來騎馬、划船、欣賞高原湖景，此地也是麗江周邊拍攝寫真的熱門取景地。不過，近年拉市海旅遊糾紛屢屢曝光，也成為雲南著名的「高危」旅遊景區。

　　拉市海周邊馬場林立，路線、價格各不相同，從最便宜的幾十元到數百元不等，因回扣高，旅行社、客棧、司機、導遊無不強力推銷拉市海「茶馬古道」行程。古城周邊常見「熱心」婦女招攬，僅付10元就開車送你到拉市海，到了合作馬場，騎馬、遊湖至少數百元(她們的熱心自然有回扣)，不明就裡的遊客很容易中招。建議出發前多比較，或找可信的旅行社參加純玩團，來回交通、騎馬划船、午餐全包約100元。千萬不要購物，陷阱和糾紛層出不窮。10月後拉市海雪桃上市，可順道嚐嚐鮮。

❶拉市海沿途田園風光值得一遊❷騎馬遊山玩水本是樂事，但是拉市海馬場良莠不齊，糾紛頻傳❸近年拉市海生產的麗江雪桃打響品牌，還端上了國宴餐桌❹秀麗的山水景致成了拍攝婚紗寫真的最佳取景地

✉ 麗江市玉龍縣拉市鎮拉市海海北3隊　☎ 888 888 0077
🕐 08:00～17:00　💲 門票30元　➡ 在麗江古城包車約30～50元；也可從束河古鎮騎馬到拉市海，費用約80元　⌛ 4小時　ℹ 拉市海旅遊管理較混亂，各個村自行成立馬場自行收費，騎馬、划船的套裝行程從數十元到數百元不等。目前政府出面整頓拉市海54家馬場、遊船，未來行程品質和價格可望合理透明　MAP P.192

旅行小抄　　**拉市海旅遊指南**

體驗騎滇馬

　　滇馬雖貌不驚人，昔日往來茶馬古道，數個月的長途駝運靠的就是個頭小、耐力強的滇馬。通常馬夫會自己騎一匹馬，以韁繩和口令指揮另一匹馬，騎乘者沒有太大的難度和危險。若本身會一點馬術，可要求自己騎行。騎馬＋划船行程約1～3小時不等，須注意防曬。

順遊行程：指雲寺

沒有特別宗教信仰也可到指雲寺欣賞建築和花木之美(照片提供／鄭林鐘)

　　指雲寺建於1727年，是麗江五大喇嘛寺之一，建築充分展現漢、藏、白、納西藝術交融特色。如今大規模擴建為佛學院，有很多小喇嘛在此學習。寺院裡的桑樹、槐樹、銀杏、櫻花都有上百年歷史，3、4月可賞櫻花，秋天可觀銀杏。

✉ 麗江市玉龍縣拉市鄉海南村
🕐 08:00～17:00
💲 免費
➡ 在忠義市場搭31路公車到終點站下車

麗江周邊 虎跳峽
在峽谷中近距離觀賞驚濤駭浪

以峽谷、險灘、激流聞名於世的虎跳峽是中國、乃至世界最深的峽谷之一。源自青海的金沙江迢迢千里奔波到此，突遇玉龍雪山、哈巴雪山的夾峙，原本平靜的江水頓時澎湃轟鳴奔流。洛克曾三度造訪此地，甚至還租飛機在空中拍攝，使虎跳峽在國際間聲名大噪。

虎跳峽全長18公里，分成上、中、下虎跳峽，峽谷垂直高差近3,800公尺，江流最窄處30公尺，相傳有猛虎在江心礁石一躍過至對岸而得名「虎跳峽」。上虎跳是整個峽谷中最窄的一段，江水最為洶湧，著名的虎跳石即在此。此處步行遊覽難度最低，遊客最多，走完全程約1.5小時。金沙江夏天水流量大，氣勢磅礴，是欣賞虎跳峽的最佳季節。

✉麗江市玉龍縣龍蟠鄉 ☎888 519 3237 🕐09:00～16:30(停止售票) 💲50元／人 ➡1.在麗江客運站搭中巴前往，每天08:00、08:30有車，22～33元／人，車程2小時；2.共乘或包車至虎跳峽，共乘35～50元／人，包車視車型150～300元／趟 ⏱3小時 ℹ最好穿輕便防滑的運動鞋或徒步鞋；周邊沒有銀行和醫療設施，需提前準備現金和個人藥品 MAP P.10、192

(221)

❶虎跳峽徒步線被譽為世界十大經典徒步路線之一(照片提供／曹丹東)❷峽谷、礁石、險灘、激流令虎跳峽馳名中外(照片提供／曹丹東)❸多數遊客選擇出行方便的上虎跳❹部分遊客選擇徒步欣賞虎跳峽沿途高山、峽谷、激流、瀑布等美景(照片提供／Lijiang Intl. Outdoor Club)

麗江周邊 老君山國家公園
世界上面積最大的丹霞地貌

　　老君山國家公園距離麗江古城140公里，分為黎明高山丹霞片區、九十九龍潭片區、格拉丹高山草原和金絲廠片區。目前已開發的老君山國家公園黎明景區，占地250平方公里，是世界上海拔最高、面積最大、形成最完整的丹霞地貌，紅色砂岩因風化侵蝕而表面乾裂，組合成一片片巨鱗般的山岩，好像大大小小的烏龜向著日出的方向爬行，得名「千龜山」。

:envelope: 麗江市玉龍縣黎明鄉 :phone: 888 530 8211 :clock: 09:00～17:30 :dollar: 105元／人，千龜山索道140元／人 :arrow: 在麗江客運站搭乘發往黎明客運車，票價30元／人，車程3.5小時 :hourglass: 1天 MAP P.192

老君山景區以千龜山、九十九龍潭和高山杜鵑聞名(照片提供／和正剛)

麗江周邊 香格里拉
尋訪傳說中的人間仙境

　　上個世紀，印度、尼泊爾都有小鎮以「香格里拉」命名，大陸的西藏、四川、雲南也為了這四個字的「冠名權」相持不下，後來國務院一聲令下，將雲南迪慶藏族自治州的中甸縣更名為香格里拉縣，為其帶來一年近1,500萬觀光客。

❶❸香格里拉的自然風光和人文與雲南其他地方完全不同(照片提供／和正剛)❷1681年竣工的松贊林寺是雲南規模最大的藏傳佛教寺院

　　位於雲南省西北，滇川藏交界的迪慶州距離麗江180公里，車程約3個多小時。這裡有「小布達拉宮」之稱的松贊林寺、獨克宗古城、世界上最大的轉經筒、普達措國家公園。每年5～10月是高原最美的時節，值

得專程前來感受與漢族、臺灣截然不同的人文風光和自然美景。

:arrow: 麗江客運站每天有10餘趟班車前往香格里拉，58～63元／人，車程4～5小時 MAP P.192

深度特寫

經典演出 🎬

麗江地方不大，演出不少：包括張藝謀執導的《印象・麗江》、古老樂曲、樂器和古稀老人合奏的《納西古樂》、楊麗萍的《雲南的響聲》、還有宋城景區的《麗江千古情》等……各具特色。

張藝謀——《印象・麗江》
以玉龍雪山為舞臺背景的震撼演出

　　近年大陸知名景點無不打造屬於當地品牌的山水實景舞臺劇，其中《印象・麗江》一直難以被超越，原因無他：在海拔3,100公尺的高度，以雄偉的玉龍雪山為背景，是世界上最高的實景演出場地；同時它也是唯一在白天演出的大型劇碼。

　　從2004年《印象・劉三姐》起，2006年《印象・麗江》、2007年《印象・西湖》和接下來《印象・海南島》、《印象・大紅袍》、《印象・普陀》、《印象・武隆》，張藝謀掛名的大型實景創作一齣接著一齣。

　　凡是看過《印象・麗江》的演出，不免震撼感動，因為玉龍雪山近在咫尺，整個舞臺場景彷彿隨著四季和天候隨時變化；全劇分為〈古道馬幫〉〈對酒雪山〉〈天上人間〉〈打跳組歌〉〈鼓舞祭天〉〈祈福儀式〉章節，以本地農村500個非專業演員，透過大量具有民族元素的音樂、舞蹈、服飾演繹本地獨有的馬幫文化、納西族殉情的古老傳說，和對神山玉龍雪山的敬畏祈福。

………………………………………………

✉麗江市玉龍縣玉龍雪山甘海子藍月谷谷場 ☎888 888 8888 ⏰09:00、11:00、14:00(旺季)，11:00、14:00(淡季) 💲190元(普通席)、260元(VIP席) ⏱2小時 ℹ須購買玉龍雪山景區門票(130元／人)，否則不能入場；演出地點位於海拔3,100公尺，注意高原反應和防曬

❶❷馬幫、對酒、打跳、鼓舞，每個章節都凸顯麗江少數民族特色❸根據納西族古老傳說，相愛卻不能相伴的情侶殉情來到玉龍第三國(以上照片提供／鄭林鐘)

楊麗萍──《雲南的響聲》
以樂音與聲響詮釋另類雲南

「雲南的每一片葉子都會跳舞，雲南的每一個石頭都會唱歌，蝴蝶拍翅膀的聲音都有節奏，穀子拔節的聲音都有旋律。」繼《雲南映象》後，雲南舞蹈藝術家楊麗萍創作《雲南的響聲》，2016年正式在麗江推出，每天2場。

和《雲南映象》不同，《雲南的響聲》是原創打擊樂舞的演出：在〈胎音〉〈太陽雨〉〈雀神怪鳥〉〈最後的馬幫〉〈喝醉了的鼓〉〈鬥雞〉

〈葫蘆〉〈納西山羊調〉等章節，將近百件雲南民族樂器搬上舞臺，生動演繹日常可聽到的各種響聲，詮釋截然不同的雲南印象。

....
✉麗江市古城區民主路183號(雲嶺劇場) ☎888 511 8888 ⏰1天2場18:30、20:15 💲280元、380元(依位置不同) ➡從古城大水車往紅太陽廣場方向步行800公尺 ℹ下載美團、百度糯米等APP，使用團購APP訂票可便宜20元

❶❷與其說是視覺饗宴，不如說是聽覺的衝擊和考驗(照片提供／楊麗萍文化傳播有限公司)

宣科──《納西古樂》
欣賞納西族古樂感古懷今

一邊是酒吧街喧鬧的節奏、晃眼的燈光；另一邊則是「古樂、古樂器、古稀老人」，數十年如一日演奏著納西古樂……這樣猶如時光穿越的強烈對比，天天在麗江古城上演。

儘管台下觀眾日益寥落，「東方音樂活化石」依然堅持其獨樹一幟的樂音和表演方式。

有人是衝著麗江傳奇人物宣科而來的，他將古樂重新整理，推向世界舞臺；多少年以來，每晚8點他必定出現在納西古樂會的舞臺，以流利的中英文主持，彷彿個人脫口秀。不過年過80的宣科現已漸漸淡出《納西古樂》的演出舞臺。

....
✉古城新華街密士巷86號 ☎888 512 7971 ⏰20:00～21:30 💲120～160元 ➡古城大水車沿著東大街直行300公尺 ℹ透過導遊、旅行社、客棧、旅遊網站購票較便宜
🗺 P.193

賞花之旅 ✽

文海報春花 ✽
雪山邊的花海仙境

昔日杳無人跡的高原農村如今人車雜遝，主要還是這裡春夏的一片花海。雪山邊海拔3,100公尺的文海村有一小湖，每年春、夏村民在此放牧，高原野花和雪山形成了一幅風景畫，入夏後紫紅的報春花開得漫山遍野，映著雪山、草甸、湖泊、馬匹……吸引本地人和外地遊客上山賞花，當地村民也開始圈地售票。此處有農家餐廳和住宿，也有騎馬環湖、騎馬到束河或拉市海的長途行程。

✉麗江市玉龍縣白沙鄉文海村 🕐全天 💲20元／人 ➡距離古城30公里，包車或駕車約50分鐘 ⏲2小時 ℹ宜遊季節為春、夏，但夏天是雨季，最好穿著防水的徒步鞋。此地海拔高，注意防曬

❶近年紅遍微信朋友圈的文海花海，吸引遊人無數，純屬意外❷平靜的山村放養著驟馬，是文海原來的寫照(以上照片提供／鄭林鐘)

玉峰寺萬朵茶花 ✽
賞雲南茶花之王

金庸在《天龍八部》中詳述了雲南人對茶花的喜愛和講究，雲南是中國茶花之王，而雲南的茶花之王則在麗江——每年春天「萬朵茶花」如約綻放。

在玉龍雪山南麓玉峰寺寺內，有株栽種於明成化年間、樹齡500年的茶花樹，由九蕊十八瓣的「獅子頭」和紅花油茶兩種不同的茶花嫁接而成，每年從立春到立夏，7個節氣、100多天可陸續開花2～3萬朵茶花，蔚為奇觀。

✉距離麗江古城18公里 📞888 515 6525 🕐08:00～18:00 💲25元／人(需出示古城維護費) ➡古城口搭乘6路公車(往玉水寨)，在玉峰寺下車 ⏲1小時

太安洋芋花
吃洋芋、賞洋芋花

太安是麗江周邊的尋常農村，種植土豆和油菜。每年6～8月，或紫、或白的洋芋花(即土豆，馬鈴薯)占據山頭，8～9月滿山遍野的油菜花，意外吸引遊客專程前往；花季期間有旅行社推出「麗江太安洋芋花1日遊」純玩團。此處不是觀光開發景點，旅客最好自備飲水和乾糧。由於花季帶動人潮，村民擺攤賣起了洋芋雞火鍋，用餐前要先詢價。

✉麗江市玉龍縣太安鄉 🕐全天 💲免費 ➡忠義市場門口有廂型車專跑麗江到太安，30元／人，車程40分鐘 ⏳2小時

❶太安鄉90%農地都種土豆，土豆之鄉遠近馳名❷太安因洋芋花海吸引遊客紛至遝來，實為無心插柳❸洋芋花謝了，接下來還有油菜花海接力❹洋芋花有白色和紫色之分，長成的土豆內裡顏色也不同(照片提供／趙林琳)

高爾夫球之旅

玉龍雪山國際高爾夫俱樂部

北半球唯一的雪山球場

　　球場地處海拔3,100公尺以上，是全球海拔最高的球場之一。海拔高、空氣稀薄、地心引力小，加上「世界上最長的球道(8,548碼)」，吸引眾多球友前來「朝聖」。一位熱愛高爾夫球的友人說：「用1號木桿可以打300碼，跟老虎伍茲媲美啦！」同時這個球場景色絕美，在此打球一天可以感受到四季變化。

....

✉ 玉龍雪山甘海子景區　📞 888 516 3666　🕐 08:00～18:30 💲 800元(嘉賓價)　➡ 麗江城區搭車到球會約30分鐘 ⌛ 4小時 http www.ylxsgolf.com ℹ 在此打球動作不宜過於激烈，容易引發高原反應；每個球車都會配備氧氣瓶以備不時之需

麗江古城湖畔國際高爾夫俱樂部

距離麗江古城最近的高爾夫球場

　　球場位於文筆海邊，景色秀麗，為國際PGA標準18洞，72桿，全長7,661碼。冬天可以欣賞棲息在文筆海的野鴨、候鳥；還可以經由文筆海2公里長的水岸線欣賞玉龍雪山倒影。

....

✉ 麗江市玉龍縣黃山鎮文筆海旅遊度假區　📞 888 589 7777、588 8999　🕐 08:00～18:30 💲 680元起(嘉賓價) ⌛ 4小時

❶ 喜歡揮桿的朋友會安排在古城湖畔和雪山高爾夫球場各打一場球 ❷ 古城湖畔高爾夫球場離古城僅15分鐘車程

行程安排

　　一般來說，麗江自由行至少3天，可以走完麗江古城、束河古鎮、玉龍雪山和拉市海等基本行程。行有餘力，可視個人時間和興趣延伸第4日或5、6日行程。再次提醒，麗江屬於高海拔地區，行程不要過於緊湊，最好抵達一兩天後再安排玉龍雪山1日遊。個人認為，麗江特別適合無所事事，選擇1～2天不安排任何行程，或許另有驚喜。

麗江3日遊

Day1　忠義市場 → 木府 → 四方街 → 萬古樓 → 酒吧一條街

Day2　白沙古鎮 → 悅榕莊下午茶 → 束河古鎮

Day3　玉龍雪山景區 → 搭乘大索道到冰川公園 → 欣賞《印象麗江》 → 藍月谷 → 玉水寨

照片提供／鄭林鐘

其他行程補充包

拉市海1日遊　麗江出發前往拉市海 → 茶馬古道騎馬 → 拉市海划船

虎跳峽1日遊　麗江 → 長江第一灣 → 虎跳峽 → 返回麗江途經拉市海，可騎馬划船遊湖

劍川石窟＋沙溪古鎮1日遊

　　劍川雖位於大理州，但距離麗江僅有60公里，包車從麗江出發，經大麗高速公路僅需1小時即可達劍川。可先到劍川石寶山，再到沙溪古鎮(可在此用餐後返回麗江，或事先預訂在此住宿一晚)。

瀘沽湖2日遊

　　海拔2,685公尺的瀘沽湖位於雲南、四川交界處，距離麗江200公里，是雲南海拔最高的湖泊，也是中國第三大深水湖泊。2017年開通了麗江到瀘沽湖景區直通車，只要4.5小時即可到達。不過雨季期間麗江到寧蒗的公路時有坍方，規畫行程前須先掌握天氣和路況。

☒麗江市寧蒗彞族自治縣永寧鄉　📞888 588 6756　🕐08:00～18:00　💲景區門票100元／人　▶1.景區直通車08:00出發，13:30到達瀘沽湖里格村；返程11:00里格村出發，15:30到麗江，單程80元、往返130元／人(提前訂票可撥打：888 516 8710)；2.麗江客運站搭乘客運班車，66元起／人，車程4.5小時　⌛2～3天　🗺P.10、192

228

推薦餐廳

照片提供／張耀

麗水匯

體驗滇西北獨特的火塘飲食文化

本地朋友或在麗江做生意的朋友多選擇「麗水匯」來接待貴客；並不是因為餐廳的環境裝潢，而是餐廳標榜本地生產、無汙染、無公害的綠色食材來展現麗江的原汁原味。例如火腿強調是以原生態飼養的放山豬製成，乳扇三文魚、涼拌松針、玉米粑粑等都是特色菜。

1樓大廳是本地人傳統的矮方桌配矮板凳，餐桌中間放著火鍋，火鍋邊還有炭火燒烤，這類「火塘」很有少數民族風味，不過有些人對於嗆鼻的煙味頗有微詞；2樓是包房，用餐環境隱私安靜，需提前預訂。

📧麗江市古城區福星路63號／香江路36號 📞888 533
9199 🕘09:30～21:00 💲每人平均消費70元 ➡️從古城
口沿著福慧路直行到福星路右轉 ℹ️麗水匯老店在新城福
星路，距離古城大水車約900公尺；分店位於金茂時尚
生活中心 MAP P.192

❶先香煎後再佐以調料的雞豆涼粉，層次更豐富❷一邊吃
火鍋，一邊配燒烤，是滇西北特有的「火塘」飲食文化(照
片提供／鄭林鐘)

餐廳用餐注意事項

須確認菜品價格

麗江餐廳幾乎不太強調人員的服務和培訓，帶著大城市的標準來麗江用餐難免失望。另外，部分餐廳會給導遊、司機回扣，所以當司機、導遊強力推薦某家餐廳時不妨多留意(特別是野生菌、三文魚單價高的菜品)，點菜之前要詳詢價格，結帳時仔細核對帳單有無出入。

古城裡消費昂貴

一般不會建議在古城裡的餐廳用餐，因為店租驚人，費用自然轉嫁到消費者，當然喜歡小橋流水、歌手駐唱情調者另當別論。本地人多選擇到新城用餐，餐廳集中在花馬街(納西特色菜、三文魚)、金凱廣場(黑山羊火鍋)和異國料理集中的金茂酒店旁「J-Life(金茂時尚生活中心)」。

❶麗江當地美食還是以本地納西特色菜和川菜居多(照片提供／張耀)❷雲南處處吃得到米線，尤其是遊客最愛打卡的過橋米線(照片提供／張耀)

沱江魚府

大啖三文魚一魚三吃

　　花馬街上吃三文魚的餐廳很多，包括正鑫三文魚、三文彩虹鱒魚莊、美泉三文魚……網上評價都不錯，人氣最旺的當屬沱江魚府。本地的三文魚非鮭魚，而是虹鱒和金鱒，可生魚片、炸魚片和魚骨燉湯吃火鍋「一魚三吃」。不過鱒魚都是現殺，一條多在3斤以上，4個人以上吃比較不浪費。

✉麗江市古城區花馬街19號 ☎871 539 8881 ◎10:00～22:00 💲每人平均消費80元 ➡花馬街加油站對面 🗺P.192

撮一頓納西銅火鍋

享用納西族傳統銅火鍋

　　「撮一頓」就是大吃一頓的意思。這裡採用納西傳統的銅火鍋，以土雞、臘排骨或臘豬蹄為主料，比較特別的是豆腐，自家柴火點鹵製作的豆腐，久煮不爛且高湯熬煮後，豆腐入味了口感尤其好。搭配以火腿、土豆、青豆燜煮的銅鍋飯，大夥都搶著吃鍋底香酥的鍋巴。

✉麗江市古城區福慧西路昌洛河C區21棟3號 ☎888 512 1297 ◎09:00～21:00 💲每人平均消費50元 🗺P.192

鈺潔臘排骨火鍋

正宗老字號臘排骨火鍋

　　象山市場裡的臘排骨火鍋店林立，個個都說自己是「麗江第一家」、「雲南第一家」，其中鈺潔臘排骨是老字號，慕名而來的遊客特別多，用餐時間通常都客滿。記得點本地特有的紫心土豆、水性楊花(海菜)和水燜粑粑。

✉麗江市古城區象山東路象山市場內 ☎138 888 8724 ◎10:00～23:00 💲每人平均消費40元 ℹ部分消費者抱怨象山市場髒亂差，還有每桌旁擺放小瓦斯桶膽戰心驚，若不能接受這種用餐環境，建議去餐廳吃臘排骨比較合適 🗺P.192

❶臘排骨火鍋做法、吃法都很質樸❷象山市場裡臘排骨餐廳林立，人氣最高就是鈺潔❸韭菜根是臘排骨火鍋不可或缺的一味

麗江犛牛肉火鍋
品嘗真正的犛牛肉

　　犛牛乾巴(肉乾)是麗江伴手禮之一，但犛牛數量有限且價格高，滿大街販賣的犛牛乾巴都不知是什麼肉加工製成。若想品嘗真正的犛牛肉，可去筆者朋友推薦長水路上的犛牛肉火鍋店，這家店有20年歷史，犛牛肉1市斤78元，還有牛雜、牛筋……各種部位可供選擇。

………………………………………………
☒麗江市古城區長水路嘉和建材城旁 ☎871 512 8803 ⊙11:00～21:30 ⑤每人平均消費60元 ➡長水路往拉市海方向，中石油加油站對面 ⑭ᴾP.192

梭索太安洋芋雞
招牌菜是香辣湯底的土豆嫩雞火鍋

　　太安是麗江附近生產洋芋(土豆)最大產地，這家店以太安特有口感鬆糯的土豆配上嫩雞火鍋聞名，也是麗江老店。主打香辣口味，如果吃不了辣，可點清湯鍋底。

………………………………………………
☒麗江市古城區象山東路269號(象山圓環旁) ☎139 8884 4775 ⊙10:00～22:00 ⑤每人平均消費50元 ⑭ᴾP.192

88號小吃
在地納西族人經營的老店

　　本地納西族人開的老店，在古城算是很少見了。舉凡麗江粑粑、雞豆涼粉、米灌腸、納西烤肉、炒餌塊等納西族傳統小吃這裡都有。在古城逛累了，可以在小店歇歇腳，點一兩個小吃嘗嘗，價格實惠，味道也正宗。不過店面為傳統老房子，用餐環境一般。

………………………………………………
☒麗江市古城區興仁巷上段88號 ☎888 888 8676 ⊙09:00～22:00 ⑤每人平均消費30元 ➡從四方街出發，走五一街過小石橋後直行200公尺 ⑭ᴾP.193

❶昔日馬幫良伴，今日只招攬遊客的麗江粑粑❷麗江古城裡真正納西人開的納西小吃，多年如一日❸雞豆涼粉是本地特有的小吃

田德能咖啡

在納西族民居裡喝鐵壺咖啡配鬆餅

束河小有名氣的咖啡館，就在青龍橋頭，店名是以光緒30年在雲南種下第一棵咖啡樹的法國傳教士田德能為名，掛著「田德能咖啡紀念館」的招牌。在傳統的納西民居院落和咖啡店裡展出各種咖啡，除了義式、美式、花式咖啡，還有很特別的鐵壺咖啡，可搭配手工製作的起司蛋糕和鬆餅。

✉ 束河古鎮聚寶街 ☎ 136 2888 9837 ◎ 週一～日 13:30～18:30 💲 咖啡25元起 ➡ 束河古鎮老四方街過青龍橋直行20公尺 MAP P.193

在田德能咖啡可品嘗少見的鐵壺咖啡(照片提供／曹婭)

大研安縵酒店

享用下午茶配古城全景

居住雲南10年，還是戒不掉對咖啡、甜點的喜愛；位於獅子山上的大研安縵酒店可俯瞰古城全景，是安逸消磨一個下午的絕佳選擇。

✉ 麗江市古城區獅子山29號 ☎ 888 533 9999 ◎ 14:00～19:00 💲 198元／套(另有15%服務費) ➡ 從四方街步行300公尺到文昌宮 http www.aman.com MAP P.192、193

以中式博古架承載豐盛下午茶

壹餐廳

擁有300年歷史的馬幫首領故居

想在古城真正的老房子裡用餐？那得來束河的壹餐廳。這是昔日馬幫張鍋頭的房子，已有300年歷史，擁有最古老的西式陽臺、西式壁櫃和南亞風格的窗花等，部分建材還是從印度運回束河。因為是重點保護民居，只把昔日位於地下室的馬廄改造成廚房。

另一個親切之處是老闆是臺灣人，菜色和價格實在，用餐氣氛輕鬆。泡菜雪山魚、松茸燉雞湯、沸騰牛肉是人氣推薦菜品。巧手的老闆娘也會自製松茸醬和松露醬，如果選對時間，也許有口福嘗鮮。

✉ 麗江束河古鎮仁里路4社14號 ☎ 888 513 6688 ◎ 09:00～21:30 💲 每人平均消費60元 ➡ 老四方街過大石橋，直走到底左轉仁里路，直行右轉到張鍋頭故居 MAP P.193

❶為雪山魚墊底的泡菜是臺灣臭豆腐泡菜的做法❷臺灣老闆和安徽妻子在束河開的餐廳，吸引四面八方食客(照片提供／鄭林鐘)❸招牌的松茸燉雞湯(照片提供／鄭林鐘)

住宿情報

照片提供／阿若康巴慶雲莊園

麗江的住宿地點可以選擇古城、新城、束河古鎮和白沙古鎮。通常，安排麗江的行程至少2～4天，不妨選擇分住2個地方，感受不一樣的住宿體驗。

選擇住古城客棧，自然和傳統的飯店民宿不同，獅子山上不少客棧可俯瞰古城，但是進出得爬坡；越來越多遊客選擇住在南門，交通便利，只是多為仿古鋼構建築，沒有真正納西院落的氣氛；古城內禁行汽車，必須拖著行李箱走在石板路上，建議選擇古城周邊出入口處的客棧出行較方便。

【高價奢華】 麗江古城英迪格酒店

同屬洲際酒店品牌之下的高端精品酒店，英迪格以麗江獨有的馬幫

文化為設計重點，建築風格、房間布局、服務人員服裝都貼近馬幫的主題，將馬幫與時尚設計混搭，走低調奢華路線，頗受年輕人青睞。

✉麗江市古城區七一街興文巷111號 ☎888 559 9111 💲1,200元起 ➡古城南門附近 http www.hotelindigo.com MAP P.192、193

❶撞色時尚混搭茶馬古道主題，英迪格酒店設計感十足
❷客房細節處妝點馬幫元素十分亮眼(以上照片提供／麗江古城英迪格酒店)

【高價奢華】 麗江和府洲際度假酒店

2009年開業的皇冠假日酒店位於古城南門附近，步行古城近在咫尺，又保有現代舒適的住宿體驗，現已升級為洲際度假酒店。酒店空間設計大量使用當地少數民族特色，大堂可以遠眺玉龍雪山和萬古樓。客房位於一棟棟獨立別墅中，外觀為傳統納西木房，實為鋼混結構，兼顧舒適、採光和隔音。

✉麗江市古城區祥和路276號 ☎888 558 8888 💲1,000元起 ➡古城南門附近 http www.intercontinental.com ℹ登錄官網APP另有優惠 MAP P.192、193

❶中庭仿佛放大版的納西民居庭院，休閒愜意 ❷融入本地民居外觀，客房兼顧私密、安靜與舒適(以上照片提供／麗江和府洲際度假酒店)

麗江佖屋酒店 ·特色風格·

「the bivou」起源於Bivouac，是帳篷、臨時搭建的居所，希望提供旅人在探險途中的小小避風

港。佖屋雖小，只有14間客房和別墅，但在貓途鷹(TripAdvisor)麗江900家住宿中好評第一。2012年開業，2017年初重新改裝，完整保留本地氛圍和細膩的服務，讓不少國外遊客慕名而來。

....

✉ 束河古鎮中和村16號 ☎ 888 512 9449 $ 780元起(含早餐) http www.bivou.com ℹ 透過電話或官網訂房，住房3天的旅客可以提供接送機服務 MAP P.193

❶簡潔的客房細節處融入許多民族元素 ❷佖屋酒店位於束河古鎮安靜的一角，門前還有農田菜地，自然田園風光盡收眼底 ❸佖屋的各個角落似乎都可安住片刻(以上照片提供／佖屋酒店)

阿若康巴慶雲莊園 ·特色風格·

「阿若康巴」在藏語的意思就是「來吧，朋友！」主人札巴格丹為香格里拉藏族人，成長和人生經歷頗為傳奇，還在家鄉成立了唐卡中心保存傳統技藝。2015年開幕的莊園外觀是傳統納西民居，室內以馬幫文化為設計主題，這裡的工作人員幾乎都是少數民族，來自智利的Ricky負責酒店經營，Mix & Match恰到好處。

....

✉ 麗江市古城區束河辦事處龍泉社區慶雲村11號 ☎ 888 535 5551 $ 600元起 ➡ 近束河北門停車場 MAP P.193

❶細節處見其細膩 ❷16間結合時尚與民族特色的客房 ❸大量原木、石材打造極具民族風情的住宿氛圍(以上照片提供／阿若康巴慶雲莊園)

花間堂植夢院　·特色風格·

花間堂在麗江古城共有8家客棧，是本地精品客棧知名品牌。位於五一街的「植夢院」是第一家，將古城重點保護民居排名第9的紹恒堂以古法修復，並融入現代設計。難得的是，重新設計的空間仍保有納西庭院獨有的閒適，不像古城許多號稱精品客棧走火入魔，流於俗豔。

✉ 麗江市古城區五一街文治巷97號 📞 133 6888 6376 💲 400元起 ➡ 由金虹路轉進古城東北門文智巷，接五一街文治巷 🌐 www.blossomhillinn.com 🗺 P.193

❶住在重點保護民居改造的客棧，充滿懷舊復古情調❷花間堂是古城客棧連鎖品牌，8間客棧各有特色❸植夢院位於五一街巷弄中，鬧中取靜(以上照片提供／花間堂植夢院)

十和院精品客棧　·特色風格·

每一家客棧或多或少反映主人的品味，十和院精品客棧就和主人神似，方正大氣。3個院落組成，房屋可追溯至百年以前，以傳統作法工藝修繕一新。客棧汲取了傳統中國建築的美學特徵和古城三坊一照壁、一進兩院的建築風格，古色古香。

古城店位於古城北門，位置優越，步行至古城口大水車或四方街只要10分鐘。

✉ 麗江市古城區尚義街文明巷177號 📞 888 535 8333 💲 480元起 ➡ 由金虹路轉進古城尚義街文明巷約20公尺即達 ℹ 訂房可免費接機 🗺 P.192

❶❷中式風格的客房大量使用紅木家具，點綴納西織品❸位於古城出入口的十和院出行方便(以上照片提供／十和院精品客棧)

白房子度假旅舍 經濟實惠

來自臺灣的阿威負責客棧經營，他把白房子定位為「青年旅舍＋度假酒店＝度假旅舍」，20多個客房半數可面對雪山和清溪水庫山水一色的景觀，還有上下鋪的雙層床，費用按人頭計。缺點是距離麗江古城和束河古鎮都有段距離，出行稍嫌不便。體力好的旅客可租借單車騎行出遊。

✉ 麗江市古城區清溪村93號 ☎ 888 510 7077 💲 50元／床位，200元／房(不分淡旺季) ➡ 搭3路公車在民族中專下，沿著清溪街南行550公尺可達 ℹ 多比較不同訂房網站，價格更優惠 MAP P.192

❶房間簡單乾淨，但冬天空調供暖稍嫌不夠力❷由在觀景陽臺上享受麗江慢時光(照片提供／白房子度假旅舍)❸公共空間寬敞明亮

自由歲月設計旅店 經濟實惠

來自臺灣的王鍵章帶著太太、女兒來麗江定居超過10年，之前在束河古鎮開了一家客棧，同時帶客人行走川滇藏一線；後在白沙租了大院子自住、並改造為客棧，位於3樓的客房可盡覽玉龍雪山的景觀。這裡有主人特製的牛肉麵、滷肉飯還有金門高粱，也可以自由使用廚房和公共空間，很有家的感覺。

✉ 麗江市玉龍縣白沙鎮三元村一社 ☎ 888 534 0658，133 6888 1215 💲 160～450元 ➡ 公車6路到白沙壁畫景區下車走進老街；或請客棧接送

❶3樓的客房有玉龍雪山的景色❷客棧和住家結合，公共空間很有家常生活感

花田月舍・那時花開 〈經濟實惠〉

　　2016年底開業，共有9間客房，院裡有束河最高觀景平臺，視野自然不同。和其他客棧最大不同：店主小鋒是筆者忘年交、也是「麗江通」，關於麗江吃喝玩樂大小事都可以請他安排。束河四方街步行僅2分鐘即達客棧。

....

✉麗江市束河古鎮仁里路9號 ☎888 517 4744 💲398元起 ➡麗江機場(火車站)搭計程車到束河北門停車場或松雲村停車場 ᴹᴬᴾP.193

❶和古城客棧相同，也是以木結構民居為主 ❷客房舒適簡單，自帶輕鬆家常氣氛 (以上照片提供／花田月舍・那時花開)

麗江束河K2 國際青年旅舍 〈經濟實惠〉

　　束河古鎮第一家青年旅舍，是個有150個床位的超大青旅，曾獲「去哪兒網站年度優選酒店」。公共區域有書吧、咖啡廳、酒吧和大型院落，地理位置好，配套齊全，不少網友都很推薦。

....

✉麗江市古城區束河古鎮康普路拐柳巷1號 ☎888 513 0110 💲35元／床位，158元／標準客房 ʰᵗᵗᵖwww.yhachina.com(國際青年旅舍中國網) ᴹᴬᴾP.193

❶35元一晚的床位特別適合預算有限的年輕人 ❷庭院花木扶疏，可在戶外體驗束河慢活感受 ❸三人房簡單卻不簡陋 ❹青年旅舍特別適合結交四面八方的朋友，交換旅遊心得 (以上照片提供／K2國際青年旅舍)

雲南旅行家
昆明・大理・麗江

世界主題之旅 106

作　　　者	甯育華
協力攝影	鄭林鐘、黃守正、趙林琳、和正剛、張耀、曹婭、吳重民、林健良、曹丹東、姚嘉、蘇國勝、程強

總 編 輯	張芳玲
發想企劃	taiya 旅遊研究室
企劃編輯	張焙宜
文字編輯	詹湘仔
封面設計	何仙玲
美術設計	何仙玲
地圖繪製	何仙玲

太雅出版社
TEL：(02)2882-0755　FAX：(02)2882-1500
E-MAIL：taiya@morningstar.com.tw
郵政信箱：台北市郵政 53-1291 號信箱
太雅網址：http://taiya.morningstar.com.tw
購書網址：http://www.morningstar.com.tw
讀者專線：(04)2359-5819 分機 230

出 版 者	太雅出版有限公司
	台北市 11167 劍潭路 13 號 2 樓
	行政院新聞局局版台業字第五○○四號

印　　　刷	上好印刷股份有限公司 TEL：(04)2315-0280
裝　　　訂	大和精緻製訂股份有限公司 TEL：(04)2311-0221

初　　　版	西元 2017 年 12 月 10 日
定　　　價	380 元

ISBN 978-986-336-212-8
Published by TAIYA Publishing Co.,Ltd.
Printed in Taiwan
(本書如有破損或缺頁，退換書請寄至：台中市工業30路1號 太雅出版倉儲部收)

國家圖書館出版品預行編目 (CIP) 資料

雲南旅行家：昆明．大理．麗江／甯育華作．
-- 初版 . -- 臺北市：太雅，2017.12
　面；　公分 . –（世界主題之旅；106）
　ISBN 978-986-336-212-8(平裝)

1. 旅遊 2. 雲南省
673.569　　　　　　　　　　106017431

這次購買的書名是：

雲南旅行家 昆明、大理、麗江 (世界主題之旅 106)

＊01 姓名：＿＿＿＿＿＿＿＿＿＿＿＿＿＿＿＿＿ 性別：□男 □女 生日：民國＿＿＿＿＿ 年

＊02 手機(或市話)：＿＿＿＿＿＿＿＿＿＿＿＿＿＿＿＿＿＿＿＿＿＿＿

＊03 E-Mail：＿＿＿＿＿＿＿＿＿＿＿＿＿＿＿＿＿＿＿＿＿＿＿

＊04 地址：□□□□□ ＿＿＿＿＿＿＿＿＿＿＿＿＿＿＿＿＿＿＿＿＿＿＿

＊05 你選購這本書的原因

1.＿＿＿＿＿＿＿＿＿ 2.＿＿＿＿＿＿＿＿＿ 3.＿＿＿＿＿＿＿＿＿

06 你是否已經帶著本書去旅行了？請分享你的使用心得。

＿＿＿＿＿＿＿＿＿＿＿＿＿＿＿＿＿＿＿＿＿＿＿＿＿＿＿＿＿＿＿＿＿

＿＿＿＿＿＿＿＿＿＿＿＿＿＿＿＿＿＿＿＿＿＿＿＿＿＿＿＿＿＿＿＿＿

＿＿＿＿＿＿＿＿＿＿＿＿＿＿＿＿＿＿＿＿＿＿＿＿＿＿＿＿＿＿＿＿＿

＿＿＿＿＿＿＿＿＿＿＿＿＿＿＿＿＿＿＿＿＿＿＿＿＿＿＿＿＿＿＿＿＿

＿＿＿＿＿＿＿＿＿＿＿＿＿＿＿＿＿＿＿＿＿＿＿＿＿＿＿＿＿＿＿＿＿

很高興你選擇了太雅出版品，將資料填妥寄回或傳真，就能收到：1. 最新的太雅出版情報／2. 太雅講座消息／3. 晨星網路書店旅遊類電子報。

填問卷，抽好書 (限台灣本島)

凡填妥問卷(星號＊者必填)寄回、或完成「線上讀者情報上傳表單」的讀者，將能收到最新出版的電子報訊息，並有機會獲得太雅的精選套書！每單數月抽出 10 名幸運讀者，得獎名單將於該月 10 號公布於太雅部落格與太雅愛看書粉絲團。

參加活動需寄回函正本(恕傳真無效)。活動時間為即日起～ 2018 / 06 / 30

以下 3 組贈書隨機挑選 1 組

放眼設計系列2本 (隨機)

手工藝教學系列2本 (隨機)

黑色喜劇小說2本

填表日期：＿＿＿年＿＿＿月＿＿＿日

太雅出版部落格
taiya.morningstar.com.tw

太雅愛看書粉絲團
www.facebook.com/taiyafans

旅遊書王(太雅旅遊全書目)
goo.gl/m4B3Sy

線上讀者情報上傳表單
goo.gl/kLMn6g

(請沿此虛線壓摺)

| 廣 告 回 信 |
| 台灣北區郵政管理局登記證 |
| 北 台 字 第 1 2 8 9 6 號 |
| 免 貼 郵 票 |

太雅出版社 編輯部收

台北郵政53-1291號信箱
電話：(02)2882-0755
傳真：(02)2882-1500
(若用傳真回覆，請先放大影印再傳真，謝謝！)

(請沿此虛線壓摺)

太雅部落格 http://taiya.morningstar.com.tw

有 行 動 力 的 旅 行 ， 從 太 雅 出 版 社 開 始

(請沿此虛線裁剪)